JN095115

弁護士 安達敏男
弁護士 吉川樹士
著

代襲相続
再転相続
数次相続
の法律と実務

日本加除出版株式会社

は し が き

　我が国では、社会の高齢化が急速に進んでおり、それに伴って、種々な相続や終活の問題が発生しております。

　特に、例えば、祖父が死亡したが、その相続処理が終わらないうちに、更にその相続人である父が死亡し、父の相続人である子が祖父と父の相続処理を共に行わなければならなくなる複雑な事例が存在します。そして、相続人である子が複数いるときに、一部の子に代襲相続が生じている場合もあり、特に、生前贈与である特別受益（民法903条）や寄与分（民法904条の2）等に関連して代襲相続が生じている場合には、相続処理を一層複雑化させる要因となっています。

　また、再転相続、代襲相続等による意図しない承継を避けたり、また、自らの老後の生活設計等のため、死因贈与、負担付死因贈与、遺贈、負担付遺贈が検討される場合もありますが、それによって、結果として、相続人等の間で複雑な問題が生じるケースも見受けられます。

　さらに、相続税の計算についても、祖父の遺産分割が終了しないうちに、その相続人である父が死亡した場合に、どのように行うかの問題があり、この場合に相次相続控除等の問題が発生しますし、また、相続の放棄、代襲相続、特別受益等における相続の計算も複雑な面があります。

　そこで、本書においては、主に代襲相続、再転相続、数次相続、死因贈与、負担付死因贈与、遺贈、負担付遺贈における問題点のほか、相次相続控除等の相続税法上の問題点を取り上げ、著者2名が分担執筆をし、Q&A方式で、適宜図表を用いるなどして平易かつ簡潔に解説することを心がけたものです。

　なお、本書は、一部著者の法務局勤務時代の先輩の著書である、髙妻新・荒木文明・後藤浩平『全訂第三版補訂　相続における戸籍の見方と登記手続』（日本加除出版、2022年）、幸良秋夫『新訂　設問解説相続法と登記』（日本加除出版、2018年）等を参考にさせていただきました。

　また、本書の執筆に当たり、社会保険労務士で元行政書士である吉川康代氏（東京アライズ社会保険労務士事務所所属）に判例の収集、原稿の推敲等につい

て種々協力をいただいたことに謝意を表します。

　本書が、本法制等の一般的理解の手引きとして、主に、弁護士、司法書士、行政書士等の法律専門家のほか、一般市民の方にもご利用いただければ幸いです。

　最後に、本書の刊行に当たり、その企画・構成等につき、熱意をもって種々御協力をいただいた日本加除出版株式会社編集部の朝比奈耕平氏、山口礼奈氏に対し、厚く感謝の意を表する次第であります。

令和 4 年 10 月

著者　東京アライズ法律事務所

弁護士　安達　敏男

弁護士　吉川　樹士

（東京弁護士会所属）

目　次

第4章　死因贈与・負担付遺贈

代襲相続
（相続人・相続分確定総論）

第1章

Q1 | 法定相続人の相続順位とその相続分の割合

遺言がない場合の法定相続人の相続順位とその相続分は、どのような割合ですか。

法定相続人の相続順位とその相続分の割合は、下表のとおりです。

なお、嫡出でない子と嫡出子の相続分については、最高裁平成25年9月4日大法廷決定を受けて、平成25年12月5日民法改正（同月11日施行）により、同等になりました。

［法定相続人の相続順位と法定相続分］

① 子（第1順位）と配偶者が相続人の場合

子	配偶者
$\frac{1}{2}$（複数の場合は等分）	$\frac{1}{2}$

- 子が死亡している場合は、孫（孫も死亡している場合は曾孫）が代襲相続。
- 嫡出子と嫡出でない子との相続分は同じ。
- 配偶者がいない場合は、子がすべて相続。

② 子がいない場合において、直系尊属（第2順位）と配偶者が相続人の場合

直系尊属	配偶者
$\frac{1}{3}$（複数の場合は等分）	$\frac{2}{3}$

- 直系尊属の場合は、父母双方が死亡していれば祖父母が相続。
- 配偶者がいない場合は、直系尊属がすべて相続。

③　子も直系尊属もいない場合において、兄弟姉妹（第3順位）と配偶者が相続人の場合

兄弟姉妹	配偶者
$\frac{1}{4}$（複数の場合は原則等分）	$\frac{3}{4}$

- 兄弟姉妹が死亡している場合は、甥、姪が代襲相続（代襲相続は甥、姪まで）。
- 半血兄弟姉妹の相続分は、全血兄弟姉妹の相続分の2分の1。
- 配偶者がいない場合は、兄弟姉妹がすべて相続。

解　説

1　法定相続分と指定相続分（指定相続分の優先適用）

　民法は、被相続人が遺言をもって共同相続人の相続分を定めるか、あるいは第三者に相続分を定めることの委託をすることができます（民法902条）。前者を「相続分の指定」、後者を「相続分の指定の委託」といい、この指定によって決定される相続分を「指定相続分」といいます（この点の詳細はQ9参照）。相続分の指定は、被相続人の生前行為によって行うことはできません。

　これに対し、法定相続分は、上記の相続分の指定がない場合において、民法900条及び901条によって決定される相続分のことをいいます。

　したがって、遺言による相続分の指定が法定相続分に優先し、相続分の指定がある場合には、法定相続分の規定が適用されないことになります。

　なお、特別受益及び寄与分を有する相続人の相続分については、特別の定めがされています（民法903条ないし904条の2）。

2　法定相続分の割合

　法定相続分は、相続人が誰であるかによって異なります。なお、法定相続分は、昭和55年改正民法（昭和56年1月1日施行）によって現行のようになっていますが、同改正前の相続については、従来の相続分によることにな

ることから、注意を要します（被相続人の死亡が昭和55年12月31日以前である遺産分割紛争は、数次相続等において現在でも存在する。）。

(1) **子と配偶者が相続人である場合**（民法900条1号・4号）

　　ア　子（血族相続人の第1順位）と配偶者が相続するときの相続分は、それぞれ2分の1です。ただし、昭和55年改正前（昭和55年12月31日以前）においては、子の相続分が3分の2、配偶者のそれが3分の1でした。

　　　　なお、子が数人いるときは、各自の相続分は均等です。この点は、平成25年改正民法（法律第94号。平成25年12月11日施行）により、嫡出でない子の相続分が嫡出子の相続分と同等となりました。それ以前は、嫡出でない子の相続分は嫡出子の2分の1とされていました（旧民法900条4号。この点の詳細は、**FOCUS 1** 参照）。

　　　　また、子については、代襲相続が認められますが（民法887条2項・3項）、代襲相続人の取得する相続分は、被代襲者が受けるべきであったものと同じです。また、代襲相続人が数人あるときは、被代襲者が受けるべきであった部分につき、上記の基準に従って各自の相続分が定められます（民法901条1項。なお、代襲相続については**Q2**参照）。

　　イ　子が相続人であるときは、血族相続人の直系尊属及び兄弟姉妹は相続人になることはできません。また、子がおらず、直系尊属が相続人であるときは、兄弟姉妹は相続人になることができません。

(2) **直系尊属と配偶者が相続人である場合**（民法900条2号・4号）

　配偶者の相続分は3分の2、直系尊属（血族相続人の第2順位）の相続分は3分の1です。ただし、昭和55年改正前においては、配偶者と直系尊属の相続分はそれぞれ2分の1でした。

　なお、直系尊属が数人いる場合は、実父母と養父母の区別なく、いずれも均等の相続分となります。

(3) **兄弟姉妹と配偶者が相続人である場合**（民法900条3号・4号）

　　ア　配偶者の相続分は4分の3、兄弟姉妹（血族相続人の第3順位）の相続分は4分の1です。ただし、昭和55年改正前においては、配偶者

の相続分が3分の2、兄弟姉妹のそれが3分の1でした。

　　イ　兄弟姉妹が数人いる場合は、各自の相続分は原則として均等です。ただし、被相続人の父母の一方のみを同じくする兄弟姉妹（半血兄弟姉妹）の相続分は、父母の双方を同じくする兄弟姉妹（全血兄弟姉妹）の相続分の2分の1となります（民法900条4号）。

　　　兄弟姉妹については、子の場合と同様に、代襲相続が認められますが（民法889条2項、887条2項）、代襲相続人の取得する相続分は、被代襲者が受けるべきであったものと同じです。また、代襲相続人が数人あるときは、被代襲者が受けるべきあった部分につき、上記の基準に従って各自の相続分が定められます（民法901条1項）。

(4)　**配偶者がなく、子、直系尊属又は兄弟姉妹が相続人である場合**

　配偶者がなく、子、直系尊属又は兄弟姉妹だけが共同相続人であるときは、これらの者の相続分は原則として均等です。ただし、半血兄弟姉妹の相続分は、全血兄弟姉妹の相続分の2分の1とされます（民法900条4号）。

　なお、配偶者がなく、子、直系尊属又は兄弟姉妹のただ一人が相続人であるときは、相続財産の全部を単独で相続することができ、共同相続の問題は生じません。

3　相続資格が重複する者の相続分

　以下のような場合、相続人が被相続人に対して二重の相続上の地位を有することになりますが、その場合の相続分が問題となります。

(1)　**孫を養子とした場合の相続資格の重複（先例・通説は肯定）**

　例えば、父甲と母乙の間に子A・Bがおり、またAには子（孫）Cがいますが、甲が孫Cを養子とした後、Aが死亡し、次いで甲が死亡した場合、Cは、甲の養子として相続人となると同時に、Aの子として代襲相続人になりますが、この場合、Cは養子としての相続分と代襲相続人としての相続分を併せて相続するか問題となります。

　この点、一人が1件の相続に対して二重の相続権を有すべきでないという見解もありますが、先例及び通説は2口分の相続を認めています（昭和26年

9月18日民事甲1881号民事局長回答）。その理由は、民法が身分関係の重複を認めている以上、相続資格の重複を認めるべきであるという考えに基づくものと考えられます。

[孫を養子とした場合]

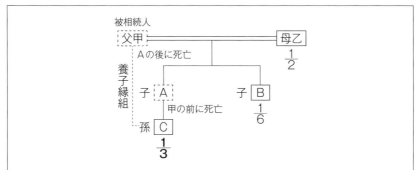

※先例・通説によれば、甲の前にAが死亡していた場合で、相続人が乙、亡A、B、養子CのときのCの相続分は、①養子としての相続分1/6と②Aの代襲相続人としての相続分1/6を合計した1/3となる。

(2)　実子と養子が婚姻した場合の相続資格の重複（先例は否定）

　例えば、父甲には、子A・B及び養子Cがいましたが、子Aと養子Cが婚姻し、その後Aが死亡した場合（甲が既に死亡していたとする。）、Cは、①配偶者としての相続分と②兄弟姉妹としての相続分を併せて相続するか問題となります。

　この点、上記(1)同様に当該2口分の相続を認める見解も有力ですが、先例は、配偶者としての相続分の取得しか認めていません（昭和23年8月9日民事甲2371号民事局長回答）。その理由は、民法が配偶者と血族相続人とを別の取扱いとし、かつ、配偶者の相続分を兄弟姉妹のそれより多くしていることを考慮したものと思われます。

［実子と養子が婚姻した場合］

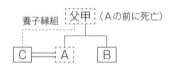

※子Aと養子Cが婚姻後、Aが死亡した場合（父甲はAの前に死亡）、先例は、
　Cは、Aの配偶者としての相続分の取得しか認めていない。

(3)　嫡出子と嫡出でない子の相続資格の重複

　父甲が婚外子Aを認知した上で、父甲の養子とした場合、Aは、①嫡出で
ない子としての地位と②養子（嫡出子）としての地位にあることになります
（なお、現行民法の下では、嫡出でない子と嫡出子との相続分に差異がないが（**FOCUS I**
参照）、父甲が未成年の嫡出でない子を養子とする場合には、配偶者（妻）と共同で養子
縁組をする必要がある（民法795条本文）。）。

　この場合、両者の地位は民法上両立する資格でなく、Aは身分の転換によ
り嫡出でない子の身分を喪失し、養子（嫡出子）としてのみ相続できると解
されます（潮見佳男編『新注釈民法⒆　相続⑴』（有斐閣、2019）69頁）。

🔍 FOCUS 1 ｜嫡出でない子の相続分に関する民法改正について

1　最高裁平成25年9月4日大法廷決定について

　平成25年改正前民法では、嫡出でない子の相続分は、嫡出子の相続分の2分の1と規定していましたが（平成25年改正前民法900条4号ただし書の前半部分。以下「本件規定」という。）、最高裁平成25年9月4日大法廷決定（民集67巻6号1320頁。以下「本最高裁決定」という。）は、本件規定は遅くとも平成13年7月当時において憲法14条1項に違反していたと判断しました。

　これを受けて、平成25年12月5日に民法を一部改正する法律が成立し（法律第94号。同月11日施行）、嫡出でない子の相続分が嫡出子の相続分と同等とし（民法900条4号ただし書の前半部分を削除）、経過措置で、新法（同改正部分）は平成25年9月5日（本最高裁決定の翌日）以後に開始のあった相続に適用するとしています。

2　平成25年9月4日以前の相続について

(1)　本最高裁決定は、判決先例としての事実上の拘束性について限定的に解し、「本決定の違憲判断は、Aの相続の開始時である平成13年7月当時から本決定までの間に開始された他の相続につき、法的安定性の要請から、本件規定を前提としてされた遺産分割審判等の裁判、遺産分割協議その他の合意等により確定的なものとなった法律関係に影響を及ぼすものではないと解するのが相当である。」旨判示しています。

(2)　そこで、平成13年7月1日から平成25年9月4日（本最高裁決定の日）までの間に開始した相続について、本最高裁決定後に遺産の分割をする場合は、最高裁判所の違憲判断に従い、嫡出子と嫡出でない子の相続分は同等のものとして扱われます。

　ただし、平成13年7月1日から平成25年9月4日（本最高裁決定の日）までの間に開始した相続であっても、遺産の分割の協議や裁判が終了しているなど、本最高裁決定が判示する「確定的なものとなった法律関係」に当たる場合には、その効力は覆りません。

　したがって、平成25年9月4日までに遺産分割の審判が確定している場合、同日までに遺産分割の協議が成立している場合は、この効力は維持され、覆りません。

　これに対し、平成25年9月4日までに相続財産について遺産分割をしていない場合には「確定的なものとなった法律関係」には当たらないと考えられますので、遺産分割をする際には、違憲判断に従って、嫡出子と嫡出でない子の相続分を同等と処理すべきこととなります。

　なお、相続財産の中に可分債権（可分給付を目的とする債権。例えば、預金債権等）がある場合は、相続が開始されただけでは「確定的なものとなった法律関係」には当たりませんが、少なくとも相続人全員が相続分による払戻しを完了した場合には、その可分債権については「確定的なものとなった法律関係」に当たると考えられます（法務省ウェブサイト「民法の一部が改正されました」(https://www.moj.go.jp/MINJI/minji07_00143.html) 参照）。

［嫡出子と嫡出でない子の相続分］

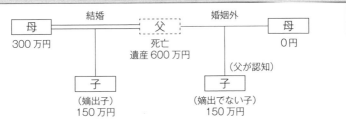

※1　平成25年改正民法900条4号により、嫡出子と嫡出でない子の相続分が同等になった（上記例で各150万円ずつ）。

　2　経過措置

　(1)　平成25年改正民法は、平成25年9月5日（本最高裁決定の翌日）以後に開始した相続に適用する。

　(2)　平成13年7月1日から平成25年9月4日（本最高裁決定の日）までの間に開始した相続について、

　　①　本最高裁決定後に遺産の分割をする場合は、最高裁判所の違憲判断に従い、嫡出子と嫡出でない子の相続分は同等のものとして扱われる。

　　②　ただし、平成13年7月1日から平成25年9月4日（本最高裁決定の日）までの間に開始した相続であっても、遺産の分割の協議や裁判が終了しているなど、本最高裁決定が判示する

「確定的なものとなった法律関係」に当たる場合には、その効力は覆らない。

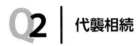

Q2 代襲相続

(1)　代襲相続とは、どのような相続のことですか。

(2)　被代襲者が被相続人の「子」の場合と、被代襲者が被相続人の「兄弟姉妹」である場合とでは、代襲相続にどのような違いがありますか。

A　(1)　代襲相続とは、①相続の開始以前に相続人となるべき子・兄弟姉妹が死亡し、又は②相続人に欠格事由があり、若しくは③相続人が廃除されたため相続権を失った場合に、その者の直系卑属（代襲者）がその者に代わって相続分を相続することをいいます。

　なお、相続人が被相続人と同時に死亡した場合にも代襲相続が認められます。

(2)　被代襲者が被相続人の「子」の場合には、被相続人の子に代襲原因が発生すれば、被相続人の孫が代襲相続人になりますが、この孫についても代襲原因が発生すれば、「孫の子（被相続人の曾孫）」が代襲相続人になります（再代襲相続）。

　これに対し、兄弟姉妹の場合は、その子（被相続人の甥・姪）までしか代襲相続が認められず、再代襲相続は認められません。

[被代襲者が被相続人の
　　子又は孫である場合]

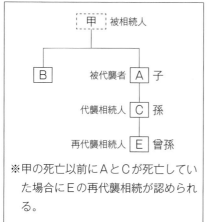

※甲の死亡以前にAとCが死亡してい
　た場合にEの再代襲相続が認められ
　る。

[被代襲者が被相続人の
　　兄弟姉妹である場合]

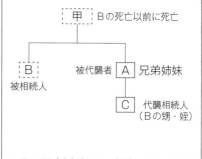

※Bの死亡以前に甲（親）とAが死亡
　していた場合にCが代襲相続人にな
　る。なお、兄弟姉妹の場合には、再
　代襲相続は認められない。

解　説

1　代襲相続とは

(1)　意義と趣旨

　代襲相続とは、①相続の開始以前に相続人となるべき子・兄弟姉妹が死亡
し、又は②相続人に欠格事由があり、若しくは③相続人が廃除されたため相
続権を失った場合に、その者の直系卑属（代襲者）がその者に代わって相続
分を相続することをいいます（民法887条2項・3項、889条2項）。

　代襲相続の趣旨は、相続開始以前に相続人が相続権を失った場合に、その
相続人の直系卑属の期待権を保護することを目的としたものです。

(2)　代襲相続の種類と範囲

　代襲相続には、①「子」を被代襲者とするものと、②「兄弟姉妹」を被代
襲者とするものとがあります。

　昭和55年改正前民法は、それぞれの直系卑属が子又は兄弟姉妹を代襲し
ていました（すなわち、子又は兄弟姉妹の「子」・「孫」が代襲者となっていた。）が、

同改正（昭和56年1月1日施行）により、兄弟姉妹については、代襲相続者が制限され、その子（被相続人の甥・姪）までとされました（民法889条2項は、民法887条3項を準用していない。）。なお、子については、同改正後も被相続人の「孫」・「曾孫」が代襲相続人となることが認められています。

2　代襲相続の要件

(1)　代襲原因

　代襲の原因は、以下のように、①相続の開始以前に相続人となるべき子・兄弟姉妹が死亡したこと、②相続人が相続欠格の事由により相続権を失ったこと、及び③相続人が廃除されたことにより相続権を失ったことです（民法887条2項・3項、889条2項）。

　なお、相続の放棄は、代襲の原因とはならないので、注意を要します。したがって、子の全員が相続の放棄をしたときは、孫以下の直系卑属は相続人とはならず、第2順位の直系尊属が相続人となります。

ア　相続人の相続開始以前の死亡

　昭和37年改正前民法は、相続人の「相続の開始前」の死亡を代襲原因としていましたが（旧民法888条1項）、同改正（昭和37年7月1日施行）により、同時死亡の推定規定が新設された（民法32条の2）ことに伴い、同時死亡を含む趣旨から、相続人の「相続の開始以前」の死亡を代襲原因とすることに改められました（民法887条2項・3項）。したがって、相続人が相続開始と同時に死亡した場合にも代襲相続が認められることになりました[注]。

（注）同時死亡の推定（民法32条の2）
　　　数人の人が飛行機事故等に遭って死亡した場合のように、死亡の前後が不明の場合には、同時に死亡したものと推定されます（民法32条の2）。この規定は昭和37年改正（昭和37年7月1日施行）で追加されたものです。このため、同時に死亡した人たちの間では、相続が開始しないことが明らかとなりました。

イ　相続欠格の事由の存在

　相続欠格事由（民法891条）が相続の開始以前だけでなく、相続開始後に生じたときでも、相続権の喪失の効果は相続開始時に遡ることから、代襲相続

は認められます。

この点につき、昭和37年改正前の民法888条1項では、「相続人となるべき者が、相続の開始前に、……相続権を失った場合」とされていましたが、同改正により同条は削除されたため、「相続の開始前」ということは、欠格及び廃除の要件とならなくなりました。

ウ　相続人の廃除

相続の開始以前だけでなく、相続開始後に廃除の審判が確定した場合でも、廃除の効果は相続開始時に遡る（遺言による廃除につき、民法893条）ことから、相続欠格の場合同様に代襲相続が認められます。

なお、兄弟姉妹には遺留分がない（民法1042条）ため廃除されることがない（民法892条）ことから、廃除が代襲原因となることはありません。

(2)　被代襲者の要件

被代襲者は、被相続人の「子」又は「孫」及び「兄弟姉妹」です。

なお、被相続人の子に代襲原因が発生すれば、被相続人の孫が代襲相続人になりますが、この孫についても代襲原因が発生すれば、孫の子（被相続人の曾孫）が代襲相続人になります（再代襲相続。民法887条3項）。

しかし、前記のとおり、兄弟姉妹については、その子（被相続人の甥・姪）までしか代襲相続が認められず、再代襲相続は認められません。

(3)　代襲者の要件

代襲者は、被相続人の「孫」又は「曾孫」及び「兄弟姉妹の子」ですが、その他の要件は以下のとおりです。

なお、被相続人の直系尊属及び配偶者が代襲（逆代襲）することは認められません。

ア　被代襲者が子又は孫の場合は、代襲者は被相続人の直系卑属であること（被代襲者が兄弟姉妹の場合は、代襲者は被相続人の傍系卑属であること）

相続人である子が養子である場合において、その養子に養子縁組前に出生した子があるときは、その子は、被相続人の直系卑属にはならない（民法727条）ことから、代襲相続することはできません（民法887条2項ただし書）。

同様に、被代襲者が兄弟姉妹であるときは、代襲者は、被代襲者の子であると同時に、被相続人の傍系卑属でなければなりません（民法889条2項、887条2項ただし書）。

イ　相続開始時に直系卑属（少なくとも胎児）であること

代襲者は、相続開始時に少なくとも胎児として存在しておればよく、被代襲者が相続権を失った時に存在していたことは要しません。したがって、相続人となるべき者が相続欠格又は廃除により、その相続権を失った後、相続開始までに懐胎又は出生した子や養子となった者も代襲者となります。

この点につき、昭和37年改正前の民法888条2項では、<u>被代襲者が相続権を失った時に胎児であった被代襲者の直系卑属は、代襲者たる資格を有する</u>旨規定していたため、代襲者たるべき者は、被代襲者が相続権を失った時において存在することを要すると解されていました。

ウ　被相続人との関係で相続欠格者又は被廃除者でないこと

代襲者は、被相続人との関係で相続欠格者又は被廃除者であってはならないですが、被代襲者との関係では、相続欠格者又は被廃除者であっても、欠格や廃除の効果の相対性により、原則として代襲相続権は肯定されると解されています。ただし、代襲者が先順位相続人である被代襲者を殺し、又は殺そうとして刑に処せられた場合（民法891条1号）には、代襲相続は認められないと解されます（潮見佳男編『新注釈民法⑲相続(1)』（有斐閣、2019）88頁）。

3　代襲相続と相続資格の重複

父が死亡後、その子Aが、祖父の養子になり、その後、この祖父（養父）が死亡した場合、子Aは、①祖父の養子として相続するとともに、②父の代襲相続人としても相続することになり（相続資格の重複）、双方の相続分を取得します（昭和26年9月18日民事甲1881号民事局長回答）。

4　代襲相続と再転相続、数次相続との違い

再転相続とは、例えば、祖父Aが死亡し、その相続（第1次相続）が開始したものの、祖父Aの相続人である父Bが相続の承認・放棄の選択権を行使し

ない間に死亡し、父Bの相続（第2次相続）も開始し、その子C（再転相続人）が相続人となった場合をいいます（**Q7**以下（第2章）参照）。なお、広義で再転相続（広義の再転相続）というときは、上記の例で、父Bが、祖父Aの相続の単純承認をしたが、遺産分割協議が終了しないうちに死亡し、その子Cが再転相続人になる場合を含めていう場合があります。

　また、数次相続とは、一般に、上記の例で、祖父Aが死亡し、その相続（第1次相続）が開始したものの、その相続登記が終了しないうちに、その相続人である父Bが死亡し、父Bの相続（第2次相続）も開始した場合（次いで、第3次の相続が開始する場合もある。）をいいます（**Q14**以下（第3章）参照）。

　これに対し、代襲相続は、上記のとおり、①相続の開始以前に相続人となるべき子・兄弟姉妹が死亡し、又は②相続人に欠格事由があり、若しくは③相続人が廃除されたため相続権を失った場合に、その者の直系卑属（代襲者）がその者に代わって相続分を相続することをいいます。

　すなわち、再転相続及び数次相続では、連続する複数人の被相続人ごとに、それぞれ法定相続人を特定することになりますが、代襲相続では、一つの相続しかなく、つまり、一人の被相続人について法定相続人を特定することになります。

［再転相続、数次相続の例］

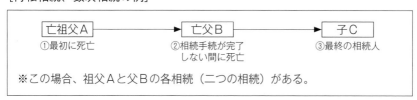

［代襲相続の例］

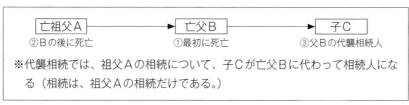

5　代襲相続の効果

　代襲者は、被代襲者と同一の順位で相続人となることから、その相続分は、被代襲者が受けるべきであったものと同じです（民法901条本文）。

　代襲相続人が数人あるときは、それらの者の相続分は、法定相続分に関する規定に従って定められます（民法901条ただし書、900条）。

　以下、被代襲者に代襲相続人が複数いる場合、及び再代襲（民法887条3項）の場合における各代襲相続人の相続分の割合を検討することとします。

⑴　被代襲者に代襲相続人が複数いる場合における各代襲相続人の相続分の割合

　例えば、甲に妻Aと子B・Cがおり、Bに子D・Eがいて、Bの死亡後に被相続人甲が死亡した場合、孫D・EはBを代襲相続することになります。この場合、妻Aの相続分は2分の1、子B（被代襲者）が受けるべきであった相続分は、子Cと等分ですので、4分の1（1/2×1/2=1/4）であり、これを代襲相続人D・Eが8分の1ずつ代襲相続することとなります（これを「株分け」という。）。なお、子Cの相続分は、4分の1です。

[代襲相続人が複数いる場合の相続分の割合]

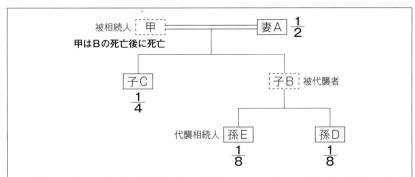

※代襲相続人D・Eは、被代襲者Bが受けるべきであった相続分（4分の1）と同じであり、これを等分する（8分の1。これを「株分け」という。）ことになる。

⑵　再代襲（民法887条3項）の場合における各代襲相続人の相続分の
　割合

　例えば、甲に妻Aと子B・Cがおり、Bに子Dがおり、更にDには子E・
F・Gがいた場合において、まず子Bが死亡し、次いで、孫Dが死亡し、更
に被相続人甲が死亡したケースが再代襲相続の問題です。

　この場合、妻Aの相続分は2分の1、子B（被代襲者）及び孫D（代襲者）
が受けるべきであった相続分は、子Cと等分ですので、4分の1（1/2×1/2
＝1/4）であり、これを再代襲相続人E・F・Gの3人が12分の1（1/4×1/3
＝1/12）ずつ相続することとなります（「株分け」）。なお、子Cの相続分は、4
分の1です。

［再代襲の場合における各代襲相続人の相続分の割合］

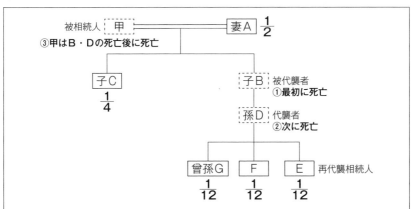

　※再代襲相続人E・F・Gは、被代襲者B・Dが受けるべきであった相続分
　　（4分の1）と同じであり、その各相続分はこれを3等分する（12分の1。
　　「株分け」）ことになる。

🔍 FOCUS 2 | 代襲相続と相続税の関係

1　序論

　代襲相続とは、①相続の開始以前に相続人となるべき子・兄弟姉妹が死亡し、又は②相続人に欠格事由があり、若しくは③相続人が廃除されたため相続権を失った場合に、その者の直系卑属（代襲者）がその者に代わって相続分を相続することをいいます（民法887条2項・3項、889条2項）。

　相続税法において、代襲相続がどのように取り扱われているか、主要な点を説明します（東京弁護士会編著『新訂第8版　法律家のための税法〔民法編〕』（第一法規、2022）389頁参照）。

2　法定相続人の数について

　祖父Aが死亡し、父Bが生存中であれば、父Bが相続人となり、その子C（Aの孫）が相続人となることはありません。

　しかし、父Bが祖父Aの死亡以前に死亡していた場合には、子Cが代襲相続することになります。そして父Bの子として、Cのほか、複数の子がいた場合、その全員が代襲相続人となり、法定相続人の人数に数えられます。

　例えば、遺産に係る基礎控除額は、3,000万円＋（600万円×法定相続人の数）で計算されますが（相続税法15条）、父Bが生存していて、父Bのみが法定相続人であるとした場合、基礎控除額は、3,600万円（3,000万円＋（600万円×1人））となります。しかし、父Bが祖父Aの死亡以前に死亡していて、代襲相続人である子がC、D及びEの3名いた場合には、その基礎控除額は、4,800万円（3,000万円＋（600万円×3人））となり、基礎控除額が大きくなります。

　また、生命保険金（被相続人死亡後に相続人が受け取った保険金）や死亡退職金（被相続人死亡後に相続人が受け取った退職金）については、いずれも「500万円×法定相続人の数」の金額が非課税となるので、代襲相続人の人数が多ければ、非課税額が多額になります。

[代襲相続における遺産に係る基礎控除額の計算]

亡祖父A	亡父B	子C、D、E
②Bの後に死亡	①最初に死亡	③父Bの代襲相続人3名

※遺産に係る基礎控除額は、4,800万円（3,000万円＋（600万円×

　3人（法定相続人の数）））。
　　これに対し、父Ｂが生存し、単独の法定相続人であるとした場合、
　基礎控除額は、3,600万円（3,000万円＋600万円×1人）。

3　相続税額の2割加算

　相続税額の2割加算とは、相続や遺贈によって財産を取得した人が、その
被相続人の1親等の血族（父母、子）及び配偶者以外の人である場合には、
その人の相続税額の2割に相当する金額を加算する制度です（相続税法18
条1項）。
　上記の例で、父Ｂが被相続人Ａ（祖父）の死亡以前に死亡しているときは、
代襲相続人である子Ｃ（Ａの孫）については、相続税額に加算されることは
ありません（相続税法18条1項括弧書き）。
　しかし、上記の例で、父Ｂが被相続人Ａ（祖父）の死亡以前に死亡してい
ないときは、子Ｃ（Ａの孫）は、被相続人Ａの2親等の血族となるので、相
続税額の2割加算の対象となります。また、孫養子のように、被相続人の直
系卑属がその養子となっている場合も相続税額の2割加算の対象となります
（相続税法18条2項本文）。ただし、その孫養子の実親が被相続人Ａの死亡
以前に死亡し、代襲相続人になっているときは、その対象外となり、2割加
算をしません（同項ただし書）。
　なお、被相続人の兄弟姉妹（2親等の血族）やその代襲相続人は、当然、
相続税額の2割加算の対象となります。
　ちなみに、相続税額の2割加算の計算式は、以下のとおりです。

$$\begin{array}{|c|}\text{相続税額の}\\\text{2割加算の金額}\end{array} = \begin{array}{|c|}\text{各人の税額控除前}\\\text{の相続税額}\end{array} \times 0.2$$

4　代襲相続と相続資格の重複

(1)　父の死亡後、その子Ａが、祖父の養子になり、その後、この祖父（養
　父）が死亡した場合、子Ａは、①「祖父の養子」として相続するととも
　に、②「父の代襲相続人」としても相続することになり（相続資格の重
　複）、双方の相続分を取得するとされています（昭和26年9月18日

民事甲1881号民事局長回答）。

　　しかし、基礎控除額や非課税枠の計算では、法定相続人の人数を計算する際は、二重身分は認めず、1人として計算します。

(2)　婿養子である夫が被相続人である場合、その妻は、法律上、養子でもある夫と兄弟姉妹関係にあったとしても、妻としての相続分のみを取得し、兄弟姉妹としての相続分は取得しません（昭和23年8月9日民甲2371号民事局長回答）。

Q3 │ 特別受益と代襲相続の関係

(1)　祖父Ａ→父Ｂ→子Ｃの関係において、祖父Ａが父Ｂに生計の資本として自宅の購入資金を生前贈与したが、その後、まず父Ｂが死亡し、次いで祖父Ａが死亡した場合、被相続人Ａから父Ｂ（被代襲者）への当該贈与について、代襲相続人である子Ｃは特別受益者に該当し、民法903条1項により相続財産に持ち戻す必要がありますか。

(2)　上記(1)と同じ関係において、祖父Ａが子Ｃ（孫）に生計の資本として自宅の購入資金を生前贈与したが、その後、まず父Ｂ（被代襲者）が死亡し、次いで祖父Ａが死亡した場合、被相続人Ａから子Ｃ（代襲相続人）への当該贈与について、子Ｃは特別受益者に該当し、民法903条1項により相続財産に持ち戻す必要がありますか。

(1)　特別受益者該当性を肯定する積極説、これを否定する消極説もありますが、徳島家裁昭和52年3月14日審判（家月30巻9号86頁）は、本問(1)と同種な事案において、代襲相続人が利益を受けている場合に限って特別受益者性を肯定する見解（折衷説）を採用しています。この折衷説が実務的感覚に沿うものと思われます。

(2)　通説・裁判例（大分家審昭和49年5月14日家月27巻4号66頁）は、特別受益者性を否定していますが、特別受益者性を肯定する積極説も有力のようです。

　思うに、贈与時に既に祖父Ａ・孫Ｃという親族関係があり、将来の代襲相続の可能性が存在し、実際に孫Ｃ（代襲相続人）が直接、特別受益を得ていることから、代襲相続人Ｃは特別受益者に該当するとする積極説が妥当のように思われます。

［本問の関係図］

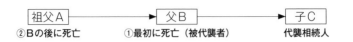

1　本問(1)　祖父Ａは、父Ｂに自宅の購入資金を生前贈与したが、その後、父
　　Ｂ、祖父Ａの順に死亡した場合、子Ｃ（代襲相続人）は特別受益者に該当し、
　　相続財産に持ち戻す必要があるか。
　　→学説は分かれるが、代襲相続人が利益を受けている場合に限って特別受益
　　　者性を肯定する折衷説が、実務的感覚に沿うものと思われる。
2　本問(2)　祖父Ａは、子Ｃ（孫）に自宅の購入資金を生前贈与したが、その
　　後、父Ｂ、祖父Ａの順に死亡した場合、子Ｃ（代襲相続人）は特別受益者に
　　該当し、上記土地を相続財産に持ち戻す必要があるか。
　　→学説は分かれるが、将来の代襲相続の可能性が存在し、実際に子Ｃが直接、
　　　特別受益を得ているので、代襲相続人Ｃは特別受益者に該当するとする積
　　　極説が妥当のように思われる。

解　説

1　序論

　本問は、上記のとおり、いずれも特別受益と代襲相続の関係に関する問題
です。(1)は、父Ｂ（被代襲者）の祖父Ａから父Ｂ（被代襲者）への生前贈与に
ついて、代襲相続人である子Ｃが特別受益者に該当するか、(2)は、父Ｂの生
存中に、子Ｃが直接祖父Ａから受けた生前贈与につき、父Ｂが死亡した後、
その代襲相続人として特別受益者に該当するかという問題です。
　以下、民法903条の特別受益制度について概説した上で、本問について検
討します。

2　特別受益制度について

（1）　特別受益制度とは

　民法903条1項は、共同相続人中に、被相続人から遺贈を受け、又は婚姻、
養子縁組のため若しくは生計の資本として贈与を受けた相続人があるときは、

その受益額を遺産の中に回復させて、その者の相続分を縮小させ、共同相続人間の公平を図る制度を設けています。この制度を「特別受益制度」といい、この遺贈又は生前贈与を受けた相続人を「特別受益者」、特別受益を遺産の中に回復させることを「特別受益の持戻し」といいます。

(2)　特別受益の持戻しの要件

　特別受益の持戻しが認められる要件として、以下のことが挙げられます。

ア　被相続人が共同相続人中のある者に対して遺贈（死因贈与を含む。）し、又は婚姻、養子縁組のため若しくは生計の資本として贈与したこと

(ア)　婚姻又は養子縁組のための贈与とは、これらのため持参金、嫁入り道具、支度金等の財産の贈与を受けることをいいます。生計の資本としての贈与とは、居住用の土地・建物の購入代金、開業資金等の贈与をいいます。また、学資についても、兄弟姉妹の中で一人だけ大学や大学院までの学費を出してもらった場合には、生計の資本としての贈与があったと考えられます。

　なお、遺贈は、このような目的でされることを要しません。この遺贈には、死因贈与を含みます。遺贈及び死因贈与された財産は、まだ相続開始当時の財産の中に含まれていることから、加えるべき特別受益額は「贈与の価額」となりますが、減ずべき特別受益額は「贈与又は遺贈の価額」となります。

(イ)　当該共同相続人には、相続についての単純承認者及び限定承認者を含みますが、相続を放棄した者は、初めから相続人でなかったことになる（民法939条）ことから、民法903条1項の共同相続人には含まれません。相続を放棄した者は特別受益を持ち戻す必要はありません。

イ　被相続人が持戻しの免除の意思表示をしていないこと

　遺産処分自由の原則から、被相続人が持戻しの免除の意思表示をしたときは、特別受益は相続財産に算入されません（民法903条3項）。例えば、遺言書に「生前、長男に医者の開業資金として贈与した2,000万円は、相続財産に算入せず、また長男の相続分から控除しないこととする。」などと記載し

ておけば、長男の特別受益の持戻しはされないことになります。なお、遺贈
に関する持戻し免除の意思表示は、その性質上、遺言で行う必要があります
が、生前贈与に関する持戻し免除の意思表示は、遺言で行う必要はなく、当
該贈与と同時に、又は当該贈与後に適宜行ってもよいとされています（明示
でも黙示でもよい。）。

　ただし、持戻し免除の意思表示の結果、特別受益者の相続分が他の相続人
の遺留分を侵害するときは、当該相続人から遺留分侵害額請求権を行使され
ることがあります（民法1046条）。

ウ　婚姻期間が20年以上の配偶者への居住用不動産の贈与等における持戻し免除の意思表示の推定規定等

㈎　持戻し免除の意思表示の推定規定

　　平成29年改正民法903条4項は、高齢化社会の進展等に伴い、高
齢配偶者の生活保障の観点から、「婚姻期間が20年以上の夫婦の一方
である被相続人が、他の一方に対し、その居住の用に供する建物又は
その敷地について遺贈又は贈与をしたときは、当該被相続人は、その
遺贈又は贈与について第1項の規定を適用しない旨の意思を表示した
もの（筆者注：持戻し免除の意思表示があったもの）と推定する。」との規
定を創設しています。

　　本項により、婚姻期間が20年以上の夫婦の間における居住用建
物・敷地の遺贈・贈与の場合には、持戻し免除の意思表示があったも
のと推定されることになります。なお、婚姻期間が20年以上の夫婦
間で、配偶者居住権が遺贈又は死因贈与された場合についても、同様
に推定されます（民法1028条3項）。

㈏　婚姻期間20年以上の配偶者への居住用不動産の贈与の特例（贈与税における配偶者控除）

　　上記㈎に関連して、婚姻期間が20年以上の夫婦の間で、居住用不
動産又は居住用不動産を取得するための金銭を贈与する場合には、基
礎控除110万円のほかに最高2,000万円まで控除（配偶者控除）を受け
ることができます（相続税法21条の6）。いわゆる「夫婦の間での居住

用不動産を贈与したときの配偶者控除」です。なお、配偶者控除の対象となる不動産の価額は贈与時の価額です。

この贈与税の特例は、贈与についてのみであり、遺贈には適用されません。

(3) 特別受益者がいる場合の各相続人の相続分の算出方法等

特別受益者がいる場合の各相続人の相続分の算出方法は、①まず被相続人が相続開始当時に有していた財産の価額に贈与の価額を加えたものを相続財産とみなし（みなし相続財産）、②これを基礎として指定相続分又は法定相続分（民法900条、902条）の割合により各相続人の相続財産額（一応の相続分）を算出し、③特別受益者の相続分（具体的相続分）を、一応の相続分から特別受益額を控除した残額とします（民法903条1項（旧民法も改正民法と同じ））。

そして、特別受益者は、一応の相続分と特別受益額が等しいか、又は特別受益額が一応の相続分より多いときは、相続分を受けることができません（民法903条2項）。

なお、特別受益の財産評価の基準時は、相続開始時とするのが通説・判例であり、受贈の目的が物（動産・不動産）である場合には相続開始時の時価によります（例えば、不動産の生前贈与で、贈与時の時価が2,000万円でも、相続開始時の時価が3,000万円である場合には、3,000万円が特別受益額となる。）。

［特別受益者の具体的相続分の算出方法］

$$\text{特別受益者の具体的相続分} = \left(\begin{array}{c} \text{相続開始当時の財産の価額} \\ + \\ \text{相続人が受けた贈与の価額} \end{array} \times \begin{array}{c} \text{指定相続分} \\ \text{又は} \\ \text{法定相続分} \end{array} \right) - \begin{array}{c} \text{特別受益者の受けた遺贈又は贈与の額} \end{array}$$

3 本問の回答

(1) 祖父Aの父Bへの生前贈与における子C（代襲相続人）の特別受益者該当性の有無

この点に関しては、特別受益者該当性を肯定する積極説、これを否定する

消極説もありますが、徳島家裁昭和 52 年 3 月 14 日審判（家月 30 巻 9 号 86 頁）は、本問(1)と同種の事案において、代襲相続人が利益を受けている場合に限って特別受益者性を肯定する見解（折衷説）を採用しています。すなわち、同審判は、「当裁判所は、被代襲者は被相続人から享受した特別受益を自ら消費してしまうこともあるし、被代襲者の特別受益について代襲相続人が常に持戻義務を課せられるならば時に酷な結果を生じ、かえって衡平を失なうおそれがあるので、代襲者（孫）が被代襲者（父）を通して被代襲者が被相続人（祖父）から受けた贈与によって現実に経済的利益を受けている場合にかぎりその限度で特別受益に該当し、この場合には代襲者に被代襲者の受益を持ち戻させるべきであると考える。」と判示した上で、外国留学の費用（特別受益）は父の一身専属的性格のもので、代襲相続人である孫が直接的利益を受けないものであることが明らかであるから、受益者である父（被代襲者）の死亡後において、代襲相続人に対し特別受益と認め持ち戻させるのは相当でないと判示しています。

　当該徳島家裁昭和 52 年 3 月 14 日審判の見解である折衷説が実務的感覚に沿うものと思われます（文献として、潮見佳男編『新注釈民法⒆　相続⑴』（有斐閣、2019）269 頁以下参照）。

　なお、大分家裁昭和 49 年 5 月 14 日審判（家月 27 巻 4 号 66 頁）は、否定説に立ち、「被相続人から贈与を受けたのは被代襲者であり、代襲相続人は当該被代襲者から当該財産を相続したにすぎない場合などは、当該受益分について民法第 903 条を適用することはできない。」と判示しています。

⑵　祖父Ａの子Ｃ（孫）への生前贈与における代襲相続人Ｃの特別受益者性の有無

　この点については、通説・裁判例（上記大分家審昭和 49 年 5 月 14 日家月 27 巻 4 号 66 頁）は、特別受益者性を否定しています。当該大分家裁昭和 49 年 5 月 14 日審判は、「このような代襲相続人について民法第 903 条を適用して特別受益分の持戻を行なうのは、当該代襲相続人が代襲により推定相続人となった後に被相続人から直接特別な利益を得た場合に限ると解すべきであ」ると判示した上で、代襲相続人が推定相続人になる以前に被相続人から贈与

を受けた場合などは、当該受益分について民法903条を適用することはできないと判示しています。

　しかし、この点は、特別受益者性を肯定する積極説も有力です。

　思うに、贈与時に既に祖父Ａ・孫Ｃという親族関係があり、将来の代襲相続の可能性が存在し、実際に孫Ｃ（代襲相続人）が直接、特別受益を得ていることから、代襲相続人Ｃは特別受益者に該当するものと思われます（前掲『新注釈民法⒆』269頁参照）。

　ちなみに、贈与時に親族関係になかった贈与者と受贈者が、贈与後に婚姻・縁組・認知等により、被相続人と相続人の関係になった場合においても、通説は、このような受贈者（相続人）は特別受益者に該当すると解しているようです（前掲『新注釈民法⒆』269頁参照）。

🔍 FOCUS 3 ｜特別受益と相続税の関係

1　序論

(1)　特別受益制度とは

特別受益制度とは、共同相続人中に、被相続人から遺贈を受け、又は婚姻、養子縁組のため若しくは生計の資本として贈与を受けた者（特別受益者）があるときは、その受益額を遺産の中に回復させて、その者の相続分を縮小させ、共同相続人間の公平を図ることを目的とする制度です（民法903条1項）。

特別受益者がこの特別受益を遺産の中に回復させることを「特別受益の持戻し」といいます。ただし、被相続人は、この持戻し免除の意思表示をすることができ、この場合は、特別受益は相続財産に算入されません（民法903条3項）。しかし、他の相続人の遺留分を侵害する場合には、遺留分侵害額請求の対象となります（民法1046条）。

民法上、特別受益財産はその贈与時期に関係なく、たとえ数十年前であっても、相続財産に加算されますし、また、加算される金額は、その資産が相続開始の当時なお原状のまま存在するものとみなして、相続開始時の時価で評価されます（民法904条。最判昭和51年3月18日民集30巻2号111頁）。

そして、特別受益のうち、被相続人から遺贈（死因贈与を含む。）を受けた部分については、相続開始当時、まだ相続財産を構成するものとして相続税の対象となります。

しかし、被相続人からの生前贈与部分については、相続税の対象となるのは、一定の要件に該当するものに限られ、また、相続時精算課税制度の適用の有無によっても大きく異なります。

なお、この関連で、相続時精算課税制度について、以下、その概略を説明します。

(2)　相続時精算課税制度とは

贈与をした年の1月1日時点で60歳以上の父母・祖父母から、贈与を受けた年の1月1日時点で20歳以上（2022年4月1日以後の贈与については18歳以上）の子である推定相続人（代襲相続人を含む。）及び孫が贈与を受けた場合に、特別控除額として2,500万円が認められ、贈与税額は、この控除額を超えた部分に一律20%を掛けた金額とする制度です（相続税法21条の9〜21条の18）。

　そして、この制度を選択した場合の贈与財産は、相続時に相続財産に加算され、贈与税額を納付していた場合は相続税額から控除されます。この制度は、基礎控除110万円の通常贈与（暦年課税）との選択適用となりますが、その選択をした年分以降全て相続時精算課税が適用され、暦年課税への変更はできません。この制度は時限立法ではありません。

2　特別受益と相続税の関係

　被相続人からの生前贈与部分については、上記のとおり、相続時精算課税制度を適用しているか否かによって相続税の対象が大きく異なりますので、この適用がない場合とある場合に分けて説明します（東京弁護士会編著『新訂第8版　法律家のための税法〔民法編〕』（第一法規、2022）429頁以下参照）。

［特別受益と相続税の関係］

1　相続時精算課税制度を選択していない場合

　相続開始前3年以内に被相続人から贈与を受けていた場合のみ、その贈与額を相続税の課税価格に加算して、相続税額の計算をする。

　※納付税額の計算式：　| 納付すべき相続税額 | ＝ | 相続税額 | － | 納付済みの贈与税額 |

2　相続時精算課税制度を選択した場合

　相続時精算課税制度の選択者がその選択時から相続開始時までに被相続人から贈与を受けた財産額を全て相続税の課税価格に加算して、相続税額の計算をする。

　※納付税額の計算式：　| 納付すべき相続税額 | ＝ | 相続税額 | － | 納付済みの贈与税額 |

---

(1)　相続時精算課税制度を選択していない場合（相続開始前3年以内の贈与のみ課税対象）

　この場合は、相続人又は受遺者（遺贈を受けた者）が相続開始前3年以内に被相続人から贈与を受けていたときは、その贈与により取得した財産の価額を相続税の課税価格に加算した価額を相続税の課税価格とみなして相続税が計算されます（相続税法19条1項）。そして、この場合、納付済みの贈

与税額は、相続税額から控除されて、その差額が納付すべき相続税額となります。

　なお、この3年の期間は、相続開始日から遡って3年目の応当日から相続開始の日までをいいます（相続税法基本通達19-2）。例えば、相続開始日が「2022年5月20日」とすると、過去の3年目の応当日は「2019年5月20日」となり、同日から相続開始日（2022年5月20日）までが上記の「相続開始前3年以内」ということになります。

　この場合の課税関係について主に留意すべき点は、以下のとおりです。

［相続開始前3年以内の贈与のみ課税対象となる場合の留意点］

①　贈与税の配偶者控除（夫婦間での居住用不動産の贈与には最高2,000万円まで控除される。）の適用を受けた場合には、その配偶者控除額分は相続税の課税価格に加算されない（相続税法19条2項1号）。

②　住宅取得資金の贈与税の非課税措置（耐震住宅等は1,000万円、一般住宅は500万円までの非課税措置がある。）の適用を受けた場合には、相続税の課税価格に加算されない。

③　相続開始の年に被相続人から贈与を受けた場合には、その贈与財産の価額は、贈与税の課税価格に算入せず、直接、相続税の課税価格に算入する（相続税法21条の2第4項）。

④　贈与により取得した財産は、贈与時の課税価格による（相続税法基本通達19-1）。

⑤　相続税額から控除しきれない贈与税額がある場合でも、その額は還付されない。

⑥　贈与を受けた年の受贈額が、贈与税の基礎控除額（110万円）以下で非課税であった場合でも、相続開始前3年以内の贈与であれば、その贈与額が相続税の課税価格に加算される。

(2)　相続時精算課税制度を選択した場合

ア　この場合は、相続時精算課税制度を選択した者が選択時から相続開始時までに被相続人から贈与を受けた財産の価額を全て相続税の課税価格に加算して、相続税額を計算します（相続税法21条の15）。

　加算される贈与価額は贈与時の課税価額によります（相続税法基本通達21の15-2）。すなわち、相続時精算課税では、加算の範囲が3年以内の贈与に限られないため、贈与時から相続時までに長期間が経過している場合があり、価格が大きく変動する可能性がありますが、相続時において当該財産の評価をやり直すことはせず、贈与時の課税価額で加算することになります。例えば、贈与を受けた株式が、その後会社の倒産により無価値となっても、贈与時における価額によります。

　そして、この場合の納付すべき相続税額は、上記加算を経て算出された相続税額から過去に納付済みの贈与税額を控除した残額ということになります（相続税法21条の15第3項）。その贈与税額は、上記のとおり、贈与財産の価格から2,500万円までの特別控除をした後、一律20％の税率で計算されたものです（相続税法21条の12、21条の13）。ただし、控除する贈与税は、本税のみであり、延滞税、利子税、各種加算税は含まれません（相続税法21条の15第3項括弧書き）。

　なお、相続税額から控除し切れない贈与税額がある場合には、その贈与税額については還付を受けることができます。

　ちなみに、相続人でない孫が被相続人から生前贈与を受けて相続時精算課税制度の適用を選択した場合においても、同様の方法で、納付すべき相続税額を算出しますが、孫は一親等の血族ではないので、その相続税には2割加算されます（相続税法18条）。

イ　平成30年税制改正により、非上場株式等についての贈与税の納税猶予及び免除の特例措置が認められ、後継者である受贈者が、「中小企業における経営の承継の円滑化に関する法律」12条1項の認定を受けている非上場会社の株式等を、先代経営者から贈与により取得した場合において、その非上場株式に係る贈与税について、一定の要件の下でその納税の全額が猶予され、また、当該納税の猶予後、後継者の死亡等の一定の事由が生じた場合に、当該猶予されている贈与税の納税が免除されます（租税特別措置法70条の7の5。これは、いわゆる法人版事業承継税制であり、非上場株式等の相続・遺贈による相続税についても、同様な納税猶予及び免除の特例措置がある。）。

　また、平成31年度税制改正により、個人事業者の事業承継についても、法人の事業承継税制に準じた制度が創設され、先代事業者等が後継者に特定事業用資産を生前贈与した場合、一定の要件の下で、当該事業

　用資産に対応する贈与税の全額が納税猶予され、また、その後、後継者の死亡等の一定の事由が生じた場合には、当該猶予されている贈与税の納税が免除されます（租税特別措置法70条の6の8。これは、いわゆる個人版事業承継税制であり、特定事業用資産の相続・遺贈による相続税についても、同様な納税猶予及び免除の措置がある。）。

Q4 民法 904 条の２規定の寄与と代襲相続の関係、及び民法 1050 条規定の特別の寄与制度（相続人以外の者の貢献を考慮するための制度）の概説

> (1) 代襲相続人は、被代襲者の寄与を主張できますか。
>
> (2) 代襲相続人は、被代襲者の妻の寄与を主張できますか。
>
> (3) 代襲相続人が、代襲原因開始前（つまり、相続人の地位を有する前）に、被相続人のためにした寄与を、民法 904 条の２の寄与と解することができますか。

A 本問のような問題は、裁判例によると、祖父Ａ、父Ｂ（その妻）及び子Ｃがそれぞれ無償で家業の農業に長年従事してきたようなケースで、祖父Ａよりも父Ｂが先に死亡した場合に、父Ｂやその妻の各寄与を代襲相続人の寄与分に含めることができるかという問題として散見されます。

(1) 裁判例では、被代襲者（父Ｂ）の寄与は、被代襲者（父Ｂ）が代襲相続人Ｃの履行補助者として寄与したものと解し、代襲相続人Ｃの寄与分として考慮しています。

(2) 裁判例では、被代襲者Ｂの妻の寄与も、同様に当該妻が代襲相続人Ｃの履行補助者として寄与したものと解し、代襲相続人Ｃの寄与分として考慮しています。

(3) 代襲相続人Ｃが代襲原因開始前（つまり父Ｂの死亡前）に、被相続人（祖父Ａ）のためにした寄与が民法 904 条の２の寄与分に該当するかについては、裁判例が見当たらないようですが、通説では、この寄与も民法 904 条の２の寄与分に当たると解しています。

なお、代襲相続人Ｃが代襲原因開始後（つまり父の死亡後）にした寄与は、相続人として地位を取得しているので、当然民法 904 条の２の寄与分に当たります。

ちなみに、平成 30 年改正民法 1050 条（令和元年 7 月 1 日施行）によ

り、相続人以外の親族（例えば、相続人の配偶者等）が被相続人に特別の寄与をした場合には、当該親族が、相続開始後に、相続人に対し、その寄与に応じた額（特別寄与料）の支払請求ができることになりました。ただし、この特別寄与料の請求は、特別寄与者が相続の開始及び相続人を知った時から6か月以内、又は相続の開始の時から1年以内にする必要があるので、注意を要します。

［本問の関係図］

※(1)　代襲相続人Cは、被代襲者（父B）の寄与を主張できるか（可）。
　(2)　代襲相続人Cは、被代襲者Bの妻の寄与を主張できるか（可）。
　(3)　代襲相続人Cが代襲原因開始前（つまり父Bの死亡前）に、祖父Aのためにした寄与を民法904条の2の寄与と解することができるか（通説では可）。

　　なお、平成30年改正民法1050条（令和元年7月1日施行）により、相続人以外の親族（例えば、相続人の配偶者等）が被相続人に特別の寄与をした場合には、当該親族が、相続開始後に、相続人に対し、その寄与に応じた額（特別寄与料）の支払請求ができることになった。

解　説

1　序論

　本問のような問題は、上記のとおり、裁判例によると、祖父A、父B（その妻）及び子Cがそれぞれ無償で家業の農業に長年従事してきたようなケースで、祖父Aよりも父Bが先に死亡した場合に、父Bやその妻の各寄与を代襲相続人の寄与分に含めることができるかという問題として散見されます。

　なお、民法904条の2（寄与分）は、<u>相続人が被相続人のために特別の寄</u>

与をした場合であるのに対し、民法1050条（特別の寄与）は、相続人以外の親族（例えば、相続人の配偶者等）が被相続人ために特別の寄与をした場合には、当該親族が、相続開始後に、相続人に対し、その寄与に応じた額（特別寄与料）の支払の請求ができることを規定するものです。

　民法1050条（特別の寄与）は、平成30年民法改正により創設された規定であり、同規定は令和元年7月1日から施行されています。当該施行前に開始した相続については、民法1050条は適用されません（民法及び家事事件手続法の一部を改正する法律附則2条）。

　以下、①民法904条の2に規定する寄与分制度、及び②民法1050条に規定する特別の寄与制度の概要を説明しながら、本問について検討します。

[民法904条の2の寄与分と民法1050条の特別の寄与の違い]

民法904条の2に 基づく**寄与分**の請求		**相続人**が被相続人の財産の維持・増加に特別の寄与した場合
民法1050条に基づく**特別寄与料**の請求		**相続人以外の親族**（つまり、①六親等内の親族、②配偶者、③三親等内の姻族）が被相続人の財産の維持・増加に特別の寄与をした場合

2　民法904条の2に規定する寄与分制度（寄与分の主張は相続人に限る。）

(1)　寄与分制度

　民法904条の2に規定する寄与分制度は、被相続人の事業に関する労務の提供又は財産上の給付、被相続人の療養看護その他の方法により、被相続人の財産の維持又は増加に「特別の寄与（貢献）」をした相続人に対して、遺産の分割に当たって法定又は指定相続分にかかわらず、遺産のうちから寄与に相当する額の財産を取得させることによって、共同相続人間の公平を図ろうとするものです（民法904条の2第1項）。

(2)　寄与の方法

　寄与の方法としては、民法904条の2第1項は、「被相続人の事業に関す

る労務の提供又は財産上の給付、被相続人の療養看護その他の方法」を挙げています。

寄与の主な方法を挙げると、以下のようになります。

ア　被相続人の事業に関する労務の提供（家業従事型）の例

相続人が被相続人の事業である農業や自家営業（医師、弁護士、税理士、司法書士等）に無給又はこれに近い状態で従事する場合が挙げられます。

イ　被相続人の事業に関する財産上の給付（金銭等出資型）の例

相続人が自己の資金を提供して、被相続人の事業に関する借金を代位弁済したり、被相続人名義で事業用の財産を取得するなどして被相続人の財産の維持又は増加に特別の寄与をした場合が挙げられます。

ウ　被相続人の療養看護（療養看護型）の例

被相続人が病気・老齢等の理由により身体的・精神的に看護が必要である場合に、特定の相続人が長年その看護に従事したことにより、看護費用の支出を免れるなどして、被相続人の財産の維持に貢献したような場合が挙げられます。

エ　その他の方法

(ア)　扶養型・財産管理型

扶養型としては、子が被相続人の生活費を援助したことにより被相続人の財産を維持した場合、財産管理型としては、被相続人の不動産の管理・その公租公課の負担等により被相続人の財産を維持した場合などが挙げられます。

(イ)　被相続人の事業以外への財産上の給付

子が資金を提供して被相続人の債務を弁済し、被相続人の不動産の競売の実行を免れた場合や、妻が夫（被相続人）と資金を出し合って不動産を購入したが、不動産の名義が夫名義である場合などが挙げられます。

(3)　寄与相続人の具体的相続分の算定方法

ア　寄与分を有する相続人がいる場合の各相続人の具体的相続分の算定方法は、①「被相続人の相続開始時の相続財産価額」に「特別受益に当たる贈与財産の価額」を加え、その合計額から「寄与した相続人の

寄与分額」を控除して「みなし相続財産」を算出し、②これに法定・指定相続分の割合を乗じて各共同相続人の相続分（一応の相続分）を算出し、その上で③寄与した相続人には、その算定した「一応の相続分」から「寄与者が受けた遺贈及び上記贈与財産の価額」を控除し、これにその者の寄与分額を加算した額を取得させる（寄与者の具体的相続分）ことになります（民法903条1項、904条の2第1項。下表参照）。

[寄与者の具体的相続分の算出方法]

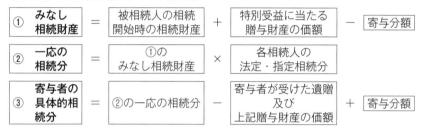

イ　被相続人である父（夫）が死亡し、妻、長男、長女の3人の相続人がいる場合において、被相続人の相続開始時の相続財産が9,000万円、長女の寄与分が1,000万円であるとした場合において、各自の具体的相続分の算出式は以下のようになります。

①　みなし相続財産

9,000万円−1,000万円＝8,000万円

②　各相続人の具体的相続分（①の「みなし相続財産」に法定相続分を乗ずる。）

妻　：8,000万円×1/2＝4,000万円

長男：8,000万円×1/2×1/2＝2,000万円

長女：8,000万円×1/2×1/2+1,000万円（寄与分）＝3,000万円

(4)　寄与分と遺留分の関係

寄与分は、条文上、遺留分侵害額の請求の対象になりません。すなわち、寄与分の額に上限の定めがないので、遺贈を控除した額の範囲内であれば、

遺留分の額に食い込む寄与分が定められることもあり得ます（つまり、寄与分は遺留分に優先する。）。

　しかし、家裁実務では、寄与分を定めるに当たっては、寄与の内容や程度に応じて遺留分をも考慮しつつ妥当な裁量によって寄与分額が定められることが求められていると考えられます（なお、東京高決平成3年12月24日判タ794号215頁は、他の共同相続人の遺留分を大きく侵害するような過大な寄与分を認めた原審判を取り消している。）（片岡武＝菅野眞一編著『家庭裁判所における遺産分割・遺留分の実務〔第4版〕』（日本加除出版、2021）308頁以下参照）。

　また、遺留分侵害額請求訴訟において、寄与者は寄与の事実を抗弁として主張して同請求額の減少を主張することはできないと解されています（東京高判平成3年7月30日判時1400号26頁）。

(5)　寄与分の限界

　寄与分は、被相続人が相続開始の時において有した財産の価額から「遺贈」の価額を控除した額を超えることはできません（民法904条の2第3項）。

　寄与分制度は、被相続人の意思に反しない限りでの寄与の保障にすぎないので、遺贈は寄与分による修正を受けないことになります。

　ここで民法904条の2第3項の「遺贈」の意味が問題となりますが、遺言によって全遺産について分割方法が定められている場合には、遺贈が寄与分に優先するという前記趣旨からすれば、寄与分を認めることによって遺言の内容（つまり、遺産分割方法の指定）を変更させることはできないと解されます（前掲『家庭裁判所における遺産分割・遺留分の実務〔第4版〕』308頁）。

　なお、遺言による相続分の指定（民法902条）があっても、これを寄与分によって修正することはできます（民法904条の2第1項）。

3　特別の寄与制度（民法1050条。相続人以外の者の貢献を考慮するための制度）

(1)　特別の寄与制度の内容

　民法1050条は、相続人以外の者でも「被相続人の親族（例えば、相続人の配偶者）」であれば、被相続人の財産の維持又は増加に特別の寄与をした場合

には、その寄与に応じた額の金銭（特別寄与料）の支払の請求をすることができることを規定しています。

ア　民法1050条1項関係（特別寄与料の支払請求）

民法1050条1項は、「被相続人に対して無償で療養看護その他の労務の提供をしたことにより被相続人の財産の維持又は増加について特別の寄与をした被相続人の親族（相続人、相続放棄者及び相続人の欠格事由の該当者及び被廃除者を除く。以下この条において「特別寄与者」という。）は、相続の開始後、相続人に対し、特別寄与者の寄与に応じた額の金銭（以下この条において「特別寄与料」という。）の支払を請求することができる。」と規定しています。

特別寄与者の範囲は、「被相続人の親族」です。ここで「親族の範囲」は、民法725条により、①六親等内の親族、②配偶者、③三親等内の姻族をいうので、被相続人の配偶者の連れ子、被相続人の兄弟姉妹の子・孫、被相続人の従兄弟姉妹の子・孫なども親族となります。ただし、相続人、相続の放棄者、相続人の欠格事由の該当者及び被廃除者は、特別寄与者から除外されます。

なお、特別寄与料の支払請求は、「無償で療養看護その他の労務の提供をしたことにより被相続人の財産の維持又は増加について特別の寄与をした」場合にできるものであり、特別寄与者がその寄与について被相続人から対価を得た場合には、その請求をすることはできません。

また、被相続人が遺言に反対の意思を表示していても、特別寄与者は特別寄与料の支払請求ができます。ただし、後記のとおり、特別寄与料の額は、寄与分同様に、被相続人が相続開始の時において有した財産の価額から遺贈の価額を控除した残額を超えることができません（民法1050条4項）。

イ　民法1050条2項及び3項関係（家庭裁判所の関与）

上記の特別寄与料について、特別寄与者と各相続人との間で協議が調わないとき、又は協議をすることができないときは、特別寄与者は、家庭裁判所に対して協議に代わる処分を請求することができます（民法1050条2項本文）。この場合、家庭裁判所は、特別寄与者の寄与の時期、方法及び程度、相続財産の額その他一切の事情を考慮して、特別寄与料の額を定めます（同条3項）。

　ただし、この請求期間（権利行使期間）は、特別寄与者が相続の開始及び相続人を知った時から6か月以内、又は相続開始の時から1年以内です（同条2項ただし書）。この期間はいずれも除斥期間と解されています（堂薗幹一郎＝野口宣大編著『一問一答　新しい相続法〔第2版〕―平成30年民法等（相続法）改正、遺言書保管法の解説』（商事法務、2020）193頁）。

　なお、この点に関連して、静岡家裁令和3年7月26日審判（家庭の法と裁判37号81頁）は、①被相続人の弟（申立人）が、民法1050条1項に基づき、被相続人の子ら（相手方ら）に対し特別寄与料の支払を求めた事案において、申立人がその者の貢献に報いて特別寄与料を認めるのが相当なほどに顕著な貢献をしたとまではいえず（つまり、仮に申立人の主張を前提としたとしても、月に数回程度入院先等を訪れて診察や入退院等に立ち会ったり、手続に必要な書類を作成したり、身元引受けをした程度にとどまり、専従的な療養看護等を行ったものではなく、顕著な貢献があったとはいえない。）、「特別の寄与」の存在を認めることは困難であり、また、②民法1050条2項ただし書の「相続の開始及び相続人を知った時から6箇月」を除斥期間とした上で、同項にいう「相続人を知った時」とは、当該相続人に対する特別寄与料の処分の請求が可能な程度に相続人を知った時を意味するものと解するのが相当であって、申立人の相手方らに対する各申立ては、上記除斥期間を経過した後にされたものであるとして、いずれの申立ても却下しています。

　このように、特別寄与料の請求は、短期間の除斥期間が定められているので、注意を要します。

ウ　改正民法1050条4項関係（特別寄与料額の限度）

　特別寄与料の額は、寄与分同様に、被相続人が相続開始の時において有した財産の価額から「遺贈」の価額を控除した残額を超えることができません（改正民法1050条4項）。これは、相続人が相続財産から受ける利益を超えて特別寄与料の支払義務を負うことになるのは相当でないという考慮に基づきます。

エ　民法1050条5項関係（各共同相続人の負担額）

　相続人が数人ある場合には、各共同相続人は、特別寄与料の額に当該共同

相続人の相続分を乗じた額を負担します（民法1050条5項）。

したがって、各相続人は、相続分の指定がされていないときは法定相続分により、相続分の指定がされているときは指定相続分の割合により、特別寄与料の支払義務を負担することとなります。

このように特別寄与者が相続人1人に対して請求できる金額は、特別寄与料の額に当該相続人の法定相続分又は指定相続分を乗じた額にとどまるので、特別寄与料の全額を請求するには、相続分を有する相続人全員を相手方にする必要があります（前掲『一問一答　新しい相続法〔第2版〕』190頁）。

[計算式]

各共同相続人の負担額	=	特別寄与料の額	×	当該共同相続人の相続分

(2)　特別寄与料と遺留分の関係

民法1050条3項は、家庭裁判所は、特別寄与料の額を定めるに当たって、特別寄与者の寄与の時期、方法及び程度、相続財産の額その他一切の事情を考慮すると定めているので、遺留分権利者の利益をも考慮することは当然です。

しかし、民法上、特別寄与料の額を定めるに当たって、遺留分を侵害してはならないという規定を設けていません。その理由として、①特別の寄与は公平の見地から認められたもので、被相続人の財産処分によるものではなく、遺留分によって当然に制限されるべき関係にはないこと、②特別寄与料の額を定めるに当たって、遺留分を侵害することができないとする規律を設けると、その遺留分侵害額をめぐって紛争が複雑化、長期化するおそれがあることを考慮したことが挙げられます（前掲『一問一答　新しい相続法〔第2版〕』186頁以下）。

4　本問の回答

(1)　代襲相続人Cによる被代襲者Bの寄与の主張の可否（可）

　代襲相続人Cが被代襲者（父B）の寄与を主張できるかについては、これを否定する少数説もありますが、通説及び裁判例は、被代襲者Bの寄与は、被代襲者Bが代襲相続人Cの履行補助者として寄与したものと解し、代襲相続人Cの寄与分として考慮しています（横浜家審平成6年7月27日家月47巻8号72頁、東京高決平成元年12月28日家月42巻8号45頁）（潮見佳男編『新注釈民法(19)相続(1)』（有斐閣、2019）293頁以下参照）。

(2)　代襲相続人Cによる被代襲者Bの妻の寄与の主張の可否（可）

　上記横浜家審平成6年7月27日及び東京高決平成元年12月28日は、いずれも、被代襲者Bの妻の寄与も、被代襲者Bの寄与同様に、当該妻が代襲相続人Cの履行補助者として寄与したものと解し、代襲相続人Cの寄与分として考慮しています。

　なお、上記(1)の点を含め、上記横浜家審平成6年7月27日は、農業従事者の事案において、「亡一雄（筆者注：B）の代襲相続人である一範（筆者注：C）は、被相続人の相続人としての亡一雄（B）の地位を承継するのであるから、亡一雄（B）の寄与分あるいは、一恵（筆者注：Bの妻）が一雄（B）及び一範（C）の履行補助者として寄与したことを承継ないし包含するものということができる。」と判示し、一範（C）の寄与分として本件遺産の評価額の50％と認めています。なお、上記東京高決平成元年12月28日の事案も農業従事者の事案で、同様内容の判示をしています。

　ちなみに、被代襲者Bの妻は、平成30年改正民法1050条1項により、被相続人（祖父A）のために特別の寄与をしたとして、その相続開始後に、直接、相続人Cらに対し、特別寄与料の支払請求ができることになります。

(3)　代襲相続人Cが代襲原因開始前（つまり父Bの死亡前）に、被相続人（祖父A）のためにした寄与を民法904条の2の寄与と解することができるか（通説可）

　この点の裁判例は見当たらないようですが、代襲原因開始後（つまり父Bの死亡後）の寄与に限るという説もあるものの、通説では、この寄与も民法

904条の2の寄与分に当たると解しています。

　その理由として、家業（農業等）への労務提供や療養看護については、代襲原因開始前後において、その法的性質を分けるのは合理的でないことなどが挙げられています（前掲『新注釈民法⑲』293頁参照）。

　なお、代襲相続人Ｃが代襲原因開始後（つまり父の死亡後）にした寄与は、相続人として地位を取得しているので、当然民法904条の2の寄与分に当たります。

FOCUS 4 | 寄与分と相続税等の関係

1　序論

(1)　民法 904 条の 2 に規定する寄与分制度

この寄与分制度は、相続人が、被相続人の事業に関する労務の提供又は財産上の給付、被相続人の療養看護その他の方法により、被相続人の財産の維持又は増加に特別の寄与をした場合において、当該相続人に対し、法定又は指定相続分に寄与分を加えた額を取得させることにより、相続人間の実質的公平を図るものです。

(2)　民法 1050 条に規定する特別の寄与制度

この特別の寄与制度は、相続人以外の親族（例えば、相続人の配偶者）が、被相続人の財産の維持又は増加に特別の寄与をした場合には、相続人に対して、その寄与に応じた特別寄与料の支払の請求ができるものです。

したがって、前者の民法 904 条の 2 に規定する寄与分制度は、寄与分を取得した相続人のみが相続税額の影響を受けます。他方、民法 1050 条に規定する特別の寄与制度では、相続人以外の親族で特別寄与料の支払を受けた者が課税対象となります。

以下、両者の課税関係について説明します（東京弁護士会編著『新訂第 8 版　法律家のための税法〔民法編〕』（第一法規、2022）434 頁以下、498 頁以下参照）。

［課税関係］

民法 904 条の 2 に規定する寄与分 →	相続による取得であり、寄与分により増加した財産取得額に相続税が課税される。
民法 1050 条に規定する特別の寄与による特別寄与料 →	特別寄与料額を被相続人から遺贈により取得したものとみなして、相続税が課税される。

2　民法 904 条の 2 に規定する寄与分制度の課税関係

(1)　寄与分取得者の相続税

現行の相続税の課税方式は、法定相続分課税による遺産取得課税方式を採用しているため、寄与分の有無は、相続税の総額には影響を及ぼしません[(注)]。

寄与分取得者は、相続による取得であることから、寄与分により増加した

財産取得額について相続税が課税されることになります。

（注）相続税の総額の基本的な計算方法（法定相続分課税による遺産取得課税方式）

　　相続税の総額は、正味遺産額（計算式：遺産総額－被相続人の債務・葬式費用及び墓所等の非課税財産＝正味遺産額）から遺産に係る基礎控除額を控除した金額を、法定相続人が法定相続分に従って相続したものとして計算します。したがって、法定相続分と異なった遺産分割の割合に変わっても、相続税の総額は変わりません。

　　例えば、被相続人が死亡し、相続人が妻と長男と長女の3人とし、正味遺産額が3億円とした場合において、相続税の総額及び各相続人の納付税額の計算は以下のとおりです。

　ア　課税遺産総額の計算

　　　3億円－（3,000万円＋600万円×3人）＝2億5,200万円
　　　正味遺産額　　　　遺産に係る基礎控除額（4,800万円）　　　　課税遺産総額

　イ　各相続人の法定相続分に応じた取得金額

　　　①妻　：2億5,200万円×1/2＝1億2,600万円

　　　②長男：2億5,200万円×1/4＝6,300万円

　　　③長女：2億5,200万円×1/4＝6,300万円

　ウ　相続税の総額の計算（「相続税の速算表」については **FOCUS 11** 参照）

　　　①妻　：1億2,600万円×0.4－1,700万円＝3,340万円

　　　②長男：　　6,300万円×0.3－　700万円＝1,190万円

　　　③長女：　　6,300万円×0.3－　700万円＝1,190万円

　　　　　　　　　　　　相続税の総額（合計）5,720万円（同金額は不変）

　エ　各相続人の納付税額の計算（法定相続分で遺産を取得した場合）

　　　①妻　：5,720万円×1/2＝2,860万円

　　　　　　　（ただし、相続税額は0円。理由：配偶者の税額軽減特例により①法定相続分相当額又は②相続した遺産額が1億6,000万円までは相続税が掛からない。）

　　　②長男：5,720万円×1/4＝1,430万円

　　　③長女：5,720万円×1/4＝1,430万円

（2）　寄与分取得者の相続税の申告関係

　遺産分割協議等により寄与分の取得が相続税の申告期限までに確定していれば、これにより寄与分を定められた相続人は、寄与分を含めた額で相続税額を計算して申告することになります。

　なお、寄与分は、民法900条から902条までの規定による法定相続分

及び指定相続分の修正要素であり、共同相続人の遺産分割協議や家庭裁判所の審判により定められて初めて具体的な権利となることから、遺産分割が終了する前に相続税の申告期限が到来したときは、法定相続分の割合に従って財産を取得したものとして相続税の申告をすることになります（相続税法55条）。

　そして、その後遺産分割等により寄与分を定められた相続人は、寄与分を含めた額で相続税額を計算して修正申告書を提出することになります（相続税法31条1項）。この修正申告により納付すべき相続税については延滞税は課税されません（相続税法51条2項1号ハ、32条1項1号）。

　また、他の相続人は相続税が減少するので遺産分割が確定した日の翌日から4か月以内に更正の請求をすることができます（相続税法32条1項1号）。

　なお、寄与分の有無は、上記のとおり、相続税の総額には影響を与えないので、寄与分取得者の上記修正申告は義務ではなく、他の相続人が更正の請求等をしない場合には、追加納税をしなくてもよいことになります。

3　民法1050条に規定する特別の寄与制度の課税関係

　特別寄与者が支払を受けるべき特別寄与料の額が確定した場合には、当該特別寄与者が、当該特別寄与料の額に相当する金額を被相続人から遺贈により取得したものとみなして、相続税を課税します（相続税法4条2項）。

　この場合において、特別寄与料の支払を受ける者（相続税の申告義務者）は、当該特別寄与料額が確定したことを知った日から10か月以内に相続税の申告義務を有します。

　なお、相続人が支払うべき特別寄与料の額は、当該相続人に係る相続税の課税価格から控除します（相続税法13条4項）。

Q5 相続させる旨の遺言・相続分の指定と代襲相続の関係

（1）　父Aが「Aの所有する財産全部を子Cに相続させる」旨の遺言をしたが、子Cが父Aよりも先に死亡した場合、Cの子E（Aの孫）がAの遺産を代襲相続することができますか（下表参照）。

（2）　父Aが遺言により、相続財産全体の相続分について、妻Bに5分1、長男Cに5分の3、二男Dに5分の1と指定した場合において、長男Cが父Aよりも先に死亡した場合、Cの子E（代襲相続人）がCの上記指定相続分5分の3を代襲相続することができますか。

（1）　この問題は、最高裁平成23年2月22日判決（民集65巻2号699頁）の事案を参考としたものですが、同最高裁判決は、Cの子E（Aの孫）の代襲相続性を原則として否定し、「『相続させる』旨の遺言は、……当該『相続させる』旨の遺言に係る条項と遺言書の他の記載との関係、遺言書作成当時の事情及び遺言者の置かれていた状況などから、遺言者が、……当該推定相続人の代襲者（本問ではE）その他の者に遺産を相続させる旨の意思を有していたとみるべき特段の事情のない限り、その効力を生ずることはない」と判示しています。

なお、父Aは、このように遺言の効力が否定される場合に備えて、予備的な遺言（例えば、「Cが遺言者の死亡以前に死亡している場合には、Cの長男Eに財産全部を相続させる。」旨の遺言）を付加することを考慮すべきです。

（2）　相続分の指定についての代襲相続性に関する裁判例は見当たらないようですが、上記最高裁平成23年2月22日判決と同様の観点から、この場合も、原則として孫Eの代襲相続性は否定されるように思われます。したがって、この場合も、父Aは、上記のような予備的な遺言を考慮すべきものと思われます。

[本問(1)　「相続させる旨の遺言」の関係図]

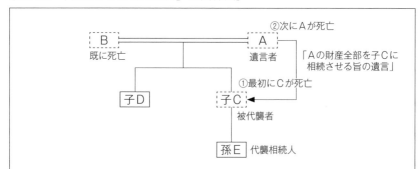

※子Cが父Aよりも先に死亡した場合、Cの子E（Aの孫）がAの遺産を代襲
　相続できるか。
　→最高裁平成23年2月22日判決は、同種の事案において、孫Eの代襲相
　　続性を原則として否定している。
　　　なお、この場合、父Aは、必要に応じて、孫EにAの遺産を相続させる
　　予備的な遺言を考慮すべきある。

[本問(2)　「相続分の指定」の関係図]

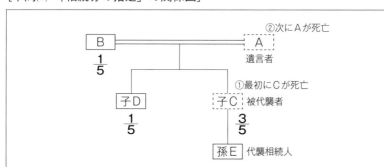

※子Cが父Aよりも先に死亡した場合、Cの子E（Aの孫）がCの相続分5分
　の3を代襲相続できるか。
　→裁判例は見当たらないようであるが、最高裁平成23年2月22日判決と
　　同様の観点から、この場合も、原則として孫Eの代襲相続性は否定される
　　ように思われる。

解　説

1　序論

　本問は、上記のとおり、相続させる旨の遺言により相続財産を相続する者、又は遺言により相続分の指定をされた者が、遺言者よりも先に死亡した場合において、その代襲相続人がその相続財産又は指定相続分を代襲相続することができるかという問題です。

　以下、相続させる旨の遺言及び相続分の指定について概説した上で、本問について検討します。

2　相続させる旨の遺言について

　相続させる旨の遺言は、法定相続人に対して財産を取得させる場合に限ります。遺言で法定相続人以外の者に財産を取得させるには、遺贈によるほかありません。

　ところで、本問(1)の遺言は、財産全部を相続人1名に相続させる旨の遺言ですが、「特定の財産を特定の相続人に相続させる」旨の遺言（例えば、「甲不動産は、長男Aに相続させる」旨の遺言）を「特定財産承継遺言」といいます（民法1014条2項）。

　この「特定財産承継遺言」は、原則として遺産分割方法の指定であり、被相続人死亡の時に直ちに当該財産（上記の例では、甲不動産）が当該相続人に相続により承継されるものと認められます（最判平成3年4月19日民集45巻4号477頁）。そして、当該相続人は、単独で甲不動産の所有権移転登記手続（登記原因は「相続」）をすることができます。

　なお、平成30年改正前民法下においては、不動産を相続した相続人は、登記なくして当該不動産の所有権全部の取得を第三者に対抗できました。しかし、平成30年改正民法899条の2第1項（同条の施行日は令和元年7月1日）は、相続による権利（不動産、動産、知的財産権等）の承継は、遺産の分割及び遺言の場合を含め、法定相続分を超える部分については、登記、登録その他の対抗要件を備えなければ、第三者に対抗することができないことを規定し、

遺産分割、遺贈と同様に対抗要件具備の先後によって優劣を決することになりました（対抗要件主義の採用）（**FOCUS 8** 参照）。

3　相続分の指定

　民法902条1項は、「被相続人は、前二条の規定にかかわらず、遺言で、共同相続人の相続分を定め、又はこれを定めることを第三者に委託することができる。」と規定しています。

　これを「相続分の指定」といい、必ず遺言で行うことを要します。これにより各相続人が指定された相続分を「指定相続分」といいます。

　相続分の指定は、法定相続分の変更であり、相続分の指定がされたときは、法定相続分に関する規定（民法900条、901条）は適用されません。

　また、被相続人は、共同相続人の一部についてのみ相続分を指定し、又はこれを第三者に定めさせたときは、他の共同相続人の相続分は、法定相続分に関する規定（民法900条、901条）によって定めることになります（民法902条2項）。

　なお、本問(2)の事案に従った相続分の指定の遺言記載例は、以下のとおりです。

[相続分の指定の遺言記載例]

第○条　遺言者は、次のとおり相続分を指定する。 　　　妻　B　　（昭和○年○月○日生）　　　5分の1 　　　長男C　（昭和○年○月○日生）　　　5分の3 　　　二男D　（昭和○年○月○日生）　　　5分の1

　なお、遺言書に「遺言者の有する財産の5分の3を長男Cに与える」と記載された場合には、相続分の指定の趣旨か、包括遺贈の趣旨か、判然としないことがあります（潮見佳男編『新注釈民法⑲　相続(1)』（有斐閣、2019）251頁参照）。

　したがって、相続分の指定の場合には、上記表のように記載すべきですし、また、包括遺贈の場合には、遺言書に「遺言者の有する全財産のうち、3分

の 2 を内縁の妻乙野和子（昭和〇年〇月〇日生、住所：〇県〇市〇町〇丁目〇番〇号）に遺贈する。」などと記載すべきです。

4　本問の回答

(1)　Cの子E（Aの孫）がAの遺産全部を代襲相続できるか

本問(1)は、最高裁平成 23 年 2 月 22 日判決（民集 65 巻 2 号 699 頁）の事案（「遺産全部を相続人 1 名に相続させる」旨の遺言の事案）を参考としたものですが、同最高裁判決は、孫Eの代襲相続性を原則として否定しています。

すなわち、同判決は、「このような『相続させる』旨の遺言をした遺言者は、通常、遺言時における特定の推定相続人に当該遺産を取得させる意思を有するにとどまるものと解される。したがって、上記のような『相続させる』旨の遺言は、……当該『相続させる』旨の遺言に係る条項と遺言書の他の記載との関係、遺言書作成当時の事情及び遺言者の置かれていた状況などから、遺言者が、……当該推定相続人の代襲者（本問ではE）その他の者に遺産を相続させる旨の意思を有していたとみるべき特段の事情のない限り、その効力を生ずることはない」と判示した上、「本件遺言書には、Aの遺産全部をB（本問ではC）に相続させる旨を記載した条項及び遺言執行者の指定に係る条項のわずか 2 か条しかなく、B（本問ではC）がAの死亡以前に死亡した場合にB（本問ではC）が承継すべきであった遺産をB（本問ではC）以外の者に承継させる意思を推知させる条項はない上、本件遺言書作成当時、Aが上記の場合に遺産を承継する者についての考慮をしていなかったことは所論も前提としているところであるから、上記特段の事情があるとはいえず、本件遺言は、その効力を生ずることはないというべきである。」と判示し、上記特段の事情がないとして代襲相続性を否定しています。

本問(1)についても、本件遺言条項と本件遺言書の他の記載との関係、遺言書作成当時の事情及び遺言者の置かれていた状況などから、孫Eに代襲相続させる遺言者Aの意思が認められるかが争点となりますが、一般に、当該意思を認定することは難しいケースが多いものと思われます。

なお、このように遺言の効力が否定される場合に備えて、予備的な遺言

（例えば、「Ｃが遺言者の死亡以前に死亡している場合には、Ｃの長男Ｅに財産全部を相続させる。」旨の遺言）を付加することを考慮すべきです。

(2)　Ｃの子ＥがＣの相続分５分の３を代襲相続できるか

　この点に関し、相続分の指定についての代襲相続性に関する裁判例は見当たらないようですが、Ｅの代襲相続を認める見解もあります（前掲『新注釈民法(19)』251頁参照）。

　しかし、相続分の指定の場合においても、遺言者は、通常、遺言時における特定の推定相続人に特定の相続分を取得させる意思を有するにとどまるものと考えられます。そうすると、上記最高裁平成23年2月22日判決と同様に、本件遺言条項と本件遺言書の他の記載との関係、遺言書作成当時の事情及び遺言者の置かれていた状況などから、遺言者がＣの子Ｅの代襲相続を認める意思を有していたとみるべき特段の事情のない限り、本件遺言の効力を生ずることはないと解され、原則として、Ｅの代襲相続性を否定すべきように思われます。

　したがって、この場合も、上記のような予備的な遺言を考慮すべきものと思われます。

 **相続の承認・放棄**

> (1)　相続の承認及び放棄の種類やその内容について説明してください。
>
> (2)　私は亡夫の妻（相続人）ですが、夫から生前、負債があるとは聞いていなかったので、夫死亡後1か月間内において、夫の唯一の遺産である郵便貯金約300万円及び香典約140万円から父の葬儀費用として約270万円、仏壇購入費として約90万円を支出したほか、墓石を約130万円で購入しました（支出合計額約490万円、不足額約50万円は私が負担した。）。ところが、夫の死後、約3年6か月後に、Ａ信用保証協会から、夫の生前における保証債務の返済金等約5,900万円の残高通知を受けました。私は、今から相続放棄の手続をとることができますか。

　(1)　相続の承認・放棄の種類には、単純承認、限定承認、相続の放棄の三つがありますが、その内容の概略は下表のとおりです。

(2)　この事案は、大阪高裁平成14年7月3日決定（家月55巻1号82頁）の事案を簡略化したものですが、同決定は、遺産である郵便貯金の解約金300万円等から葬儀や仏壇購入に充てた費用の額は、いずれも社会的に見て不相当に高額のものともいえず、民法921条1号の「相続財産の処分」には当たるとまではいえないとして、Ａ信用保証協会から、保証債務の返済金等の残高通知を受けた時から3か月以内であれば、相続放棄の申述をすることができるとしています。

なお、香典は、相続財産（遺産）には含まれないとするのが通説です。

[相続の承認・放棄]

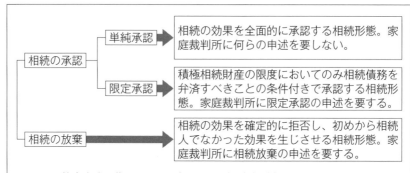

※承認・放棄をする期限は、原則として、相続人が自己のために相続の開始が
　あったことを知った時から「3か月以内」である（ただし、家庭裁判所にそ
　の期間の伸長の請求ができる。）。

解　説

1　相続の承認と放棄の概要

(1)　相続の承認と放棄の存在理由

　相続人は、相続開始の時（被相続人の死亡）から、被相続人の一身に専属し
たものを除き、被相続人の財産に属した一切の権利義務を承継します（民法
896条）。しかし、相続財産には積極財産（不動産、債権等）のほか、消極財産
（借金等の債務・負債）も含まれるので、①特に、消極財産が積極財産を超える
ときは、相続人に当然承継させることは酷な結果となりますし、また、②積
極財産が消極財産を超えるときでも、相続人の中にはこれを承継することを
潔しとしない者もいると思います。

　そこで、民法は、相続人に対し、一定の期間内に「単純承認」、「限定承
認」又は「放棄」のいずれかを選択する権利を与えています（民法915条～
917条）。

(2)　相続の承認

　相続の承認には、①単純承認と②限定承認があります。

ア　単純承認とは

　単純承認とは、相続人が被相続人の権利義務を全面的に承継することを内容として相続を承認する相続形態をいいます（民法920条）。したがって、相続人は、相続財産をもって相続債務を完済できないときは、自己の固有財産をもって弁済する必要があります。

　単純承認は、無条件・包括的になされる必要があり、その一部を承認したり、また、条件や期限を付すことはできません。

イ　限定承認とは

　限定承認とは、相続人が一応相続を承認するが、相続によって得た積極財産の限度においてのみ被相続人の債務及び遺贈を弁済すべきことの条件を付して承認する相続形態をいいます（民法922条）。したがって、相続人は、自己の固有財産をもって被相続人の債務を弁済する責任を負いません。積極相続財産を超過する部分は、責任なき債務となるわけです。

(3)　相続の放棄

ア　相続の放棄とは

　相続の放棄とは、相続人が相続の開始によって不確定的に生じた相続の効果を確定的に拒否し、初めから相続人でなかった効果を生じさせる相続形態をいいます（民法939条）。放棄も、無条件・包括的になされる必要があり、一部を放棄したり、また、条件や期限を付すことはできません。

イ　相続開始前における相続の放棄の可否（不可）

　相続開始前における相続の放棄は、認められていません（民法915条1項参照）。また、相続開始前に、相続人が他の相続人と相続の放棄の契約をしたり、他の相続人に相続の放棄の意思表示をしても無効であるとされています（大判大正6年11月9日民録23輯1701頁）。これらの点は注意を要します。

(4)　承認・放棄の方式等

ア　限定承認及び相続の放棄

　限定承認及び相続の放棄は、家庭裁判所に対して一定の手続（申述）を必要としますが（民法924条、938条）、単純承認は、何らの方式を要しません。

イ　単純承認

(ア)　不要式行為

　単純承認は、上記のとおり、何ら家庭裁判所に対する申述を要しません。相続人が限定承認も放棄もしないで民法 915 条 1 項の熟慮期間（原則 3 か月）を経過すれば、単純承認をしたものとみなされます（法定単純承認（後記(イ)参照）。民法 921 条 2 号）。

(イ)　法定単純承認

　相続人は、以下のような場合には単純承認をしたものとみなされます（民法 921 条 1 号～ 3 号）。これを「法定単純承認」といいます。

①　相続人が相続財産の全部又は一部を処分したとき（ただし、保存行為及び短期賃貸借をするときは除く。）（1 号）

②　相続人が民法 915 条 1 項の熟慮期間（原則 3 か月）内に限定承認又は放棄をしなかったとき（2 号）

③　相続人が、限定承認又は放棄をした後でも、相続財産の全部又は一部を隠匿し、相続債権者等に損害を与えることを知りながら、これを消費・処分し、又は悪意でこれを相続財産の目録中に記載しなかったとき（ただし、その相続人が相続の放棄をしたことによって相続人となった者が相続の承認をした後は除く。）（3 号）

(5)　承認又は放棄のための熟慮期間（原則 3 か月）

ア　相続の承認又は放棄は、相続人が自己のために相続の開始があったことを知った時から 3 か月以内にされなければなりません（民法 915 条 1 項本文）。この 3 か月の期間は、相続人にとって承認及び放棄のための熟慮期間である（一般にこの期間を単に「熟慮期間」ということがある。）と同時に、相続財産の調査期間（民法 915 条 2 項）です。

　ただし、この 3 か月の期間は、相続財産（積極財産と消極財産〔負債〕）の状態が複雑で、この期間だけではその調査が完了せず、相続の承認・放棄ができない事情がある場合には、利害関係人又は検察官の請求によって、家庭裁判所がこれを伸長することができます（民法 915 条 1 項ただし書）。この伸長期間は、相続財産状態の複雑度合いにもよ

りますが、通常の場合は、3か月程度だと思われます。したがって、熟慮期間が伸長された場合でも、通常の場合、相続人は自己のために相続の開始があったことを知った時から6か月程度以内に、相続の承認又は放棄をしなければならないことになります。

そして、この熟慮期間内に限定承認又は放棄をしなかったときは、単純承認をしたものとみなされます（法定単純承認。民法921条2号）。

イ　この場合、「自己のために相続の開始があったことを知った時」の意味が問題となります。

最高裁判所は、この知った時とは、原則として、相続開始の原因たる事実（被相続人の死亡の事実）を知り、かつ、これにより自己が法律上相続人となった事実を知った時をいうが、この各事実を知った場合であっても、<u>3か月以内に限定承認又は相続放棄をしなかったのが、被相続人に相続財産（積極財産のほか消極財産（負債）を含む。）が全く存在しないと信じたためであり、そのように信ずるについて相当な理由があると認められるときは、3か月の期間（熟慮期間）は、相続財産の全部又は一部の存在を認識した時又は通常これを認識できる時から起算すべきである</u>としています（最判昭和59年4月27日民集38巻6号698頁）。

すなわち、被相続人（例えば、父）の死亡当時、その相続人（例えば、子）が遺産（積極財産及び負債）が全くないと考え、かつ、そのように信じることについて相当の理由がある場合には、銀行等から被相続人の債務の請求通知を受けた時から3か月の熟慮期間が進行することになります。

(6)　民法916条に規定する「承認又は放棄をすべき期間」

民法916条は、相続人が相続の承認又は放棄をしないで死亡したときは、民法915条1項の期間（承認又は放棄をすべき期間）は、その者の相続人が自己のために相続の開始があったことを知った時から起算すると規定していますが、「その者の相続人が自己のために相続の開始があったことを知った時」の意味が問題となります。

　この点について、最高裁令和元年8月9日判決（民集73巻3号293頁）は、伯父から借金を相続した父が承認も放棄もせずに死亡し、子（被上告人）が知らない間に借金の二次相続人（再転相続人）になっていた場合（子は、父死亡後の約3年後に借金相続の事実を知った。）における相続の放棄の起算点につき、「民法916条にいう『その者の相続人が自己のために相続の開始があったことを知った時』とは、相続の承認又は放棄をしないで死亡した者の相続人が、当該死亡した者からの相続により、当該死亡した者が承認又は放棄をしなかった相続における相続人としての地位を、自己が承継した事実を知った時をいうものと解すべきである。」と判示しています。すなわち、同判決は、子自身（被上告人）が債務の相続人になったことを知った時から3か月以内に相続の放棄をすればよいと判断し、当該放棄の無効を主張した債権者の上告を棄却しました（この点の詳細は **Q8** 参照）。

［上記最高裁令和元年8月9日判決の事案］

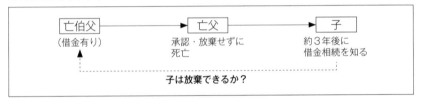

2　本問についての回答

(1)　本問(1)の回答

　この点については、上記 **1** を参照してください。

(2)　本問(2)の回答

　この事案は、大阪高裁平成14年7月3日決定（家月55巻1号82頁）の事案を簡略化したものです。

　同決定では、遺産である郵便貯金の解約金（300万円）及び香典（約140万円）から、葬儀（約270万円）や仏壇・墓石購入（220万円）に充てた費用の額（合計約440万円）は、いずれも社会的に見て不相当に高額のものともいえず、民法921条1号の「相続財産の処分」には当たるとまではいえないので、Y

信用保証協会から保証債務の返済金約 5,900 万円の残高通知を受けた時から 3 か月以内であれば、相続放棄の申述をすることができるとしています。なお、香典は、相続財産（遺産）には含まれないとするのが通説です。

　同決定の判断は、社会常識的な判断であり是認されるものと思われます。

3　参考事項（相続資格の重複と相続放棄）

　弟Aを養子とする兄Bが死亡し、弟Aが相続放棄をする場合において、①第1順位の直系卑属としての相続放棄と②次順位の兄弟姉妹としての相続放棄の選択を認めるべきかについて、学説は分かれますが、戸籍実務は、選択的な放棄は認めず、相続放棄を相続人としての地位からの完全な離脱の意思表示と解しています（昭和 32 年 1 月 10 日民事甲 61 号民事局長回答）（潮見佳男編『新注釈民法⒆　相続(1)』（有斐閣、2019）71 頁）。

🔍 FOCUS 5 | 相続の放棄と相続税の関係

1　序論

　相続の放棄とは、相続人が相続の開始によって不確定的に生じた相続の効果を確定的に拒否し、初めから相続人でなかった効果を生じさせる相続形態をいいます（民法939条）。放棄も、無条件・包括的になされる必要があり、一部を放棄したり、また、条件や期限を付すことはできません。

　なお、相続の放棄をするには、自己のために相続の開始があったこと（通常は被相続人の死亡のとき）を知ったときから、原則として3か月以内に、被相続人の最後の住所地の家庭裁判所に相続放棄の申述をする必要があります（民法915条～917条、938条）。

　相続税法では、相続税の課税価格の計算に際して、相続の放棄をした者を相続人として取り扱わないのが原則です（相続税法3条1項本文括弧書き）。また、相続を放棄した者は原則として相続税の納税義務者とはなりません。なお、相続税法でいう「相続を放棄した者」とは、上記のように家庭裁判所に申述して相続の放棄をした者だけをいいます（相続税法基本通達3-1）。

　しかし、相続の放棄をした者でも、相続税の課税対象となる場合があるので、相続税法において、相続の放棄がどのように取り扱われているかについて、以下、主要な点を説明します（東京弁護士会編著『新訂第8版　法律家のための税法〔民法編〕』（第一法規、2022）473頁以下参照）。

2　相続の放棄をした者でも相続税の課税対象となる場合

(1)　遺贈又はみなし相続財産の取得の場合

　相続を放棄した者でも、遺贈を受けた場合には、原則として相続税を負担することになります（相続税法1条の3）。

　また、相続の放棄をした者が相続税法3条1項各号のみなし相続財産（死亡生命保険金、死亡退職手当金等）を取得した場合には、その財産を遺贈により取得したものとみなされます（これを「みなし相続財産」という。相続税法3条1項、相続税法基本通達3-3）。

　しかし、この場合、相続により取得した場合と以下の点で異なります。

(2)　相続により取得した場合と異なる点

ア　非課税措置の特例を受けられない場合

　相続を放棄した者は、死亡生命保険金及び死亡退職手当金等の非課税措置の特例を受けることができず、受け取った死亡生命保険金等の全額が相続税

の課税対象となります（相続税法基本通達12-8、12-10）。

　イ　相続税法13条（債務控除）の規定の原則不適用

　相続を放棄した者については、相続税法13条（債務控除）の規定の適用がないので、「被相続人の債務で相続開始の際現に存するもの（公租公課を含む。）」があっても、相続人の取得財産の価額から控除されません。

　しかし、相続を放棄した者が現実に被相続人の葬式費用を負担した場合には、当該負担額を、その者の遺贈による取得財産の価額から債務控除しても差し支えないものとされています（相続税法基本通達13-1）。

　ウ　相次相続控除の不適用

　相続の放棄をした者は、遺贈により取得した財産があっても、相次相続控除の適用がありません（相続税法20条、相続税法基本通達20-1）。

［相続放棄者も相続税の課税対象となる場合］

①	相続放棄者が遺贈又はみなし相続財産（死亡生命保険金等）を取得した場合には、原則として相続税の課税対象となる。
②	しかも、上記の場合、相続放棄者には、(a)みなし相続財産の非課税措置の特例が不適用、(b)相続税法13条（債務控除）の規定が原則不適用（ただし、現実に負担した葬式費用は除く。）、(c)相続税法20条（相次相続控除）の規定が不適用となる。

3　相続放棄者が相続人と同様に扱われる場合

　上記のように、相続の放棄をした者は、相続人として扱われないのが原則ですが、例外的に相続人と同様に取り扱われる場合があります。

　(1)　相続税の総額を計算する過程において、相続放棄がなかった者として
　　　取り扱われる場合

　ア　相続税の総額の算定に必要な「遺産に係る基礎控除額」について

　遺産に係る基礎控除額の計算式は「3,000万円＋600万円×法定相続人の数」ですが、当該法定相続人の数には、相続の放棄をした者も相続の放棄がなかったものとして、相続人の数に加えます（相続税法15条2項、相続税法基本通達15-2）。

　例えば、相続の第1順位の相続人である唯一の子が相続の放棄をした場合において、第2順位の直系尊属が既に死亡しているため、第3順位の兄弟姉

妹5人が相続人となったとしても、ここでの法定相続人は子1人となります。

　これは、相続税の総額の計算において、相続の放棄による租税回避（故意に相続の放棄をして、相続人の数を増やし相続課税を逃れること）を防いで税制の公平性を保つ目的があるとされています。

　なお、相続税の課税価格が、上記遺産に係る基礎控除額以下の場合には、相続税が掛かりません。

　イ　死亡生命保険金及び死亡退職手当金等の非課税限度額の計算について
　死亡生命保険金（相続税法3条1項1号）及び死亡退職手当金等（同項2号）の非課税限度額の総額の計算式は、いずれも「500万円×法定相続人の数」ですが、当該法定相続人の数には、相続の放棄をした者も相続の放棄がなかったものとして、相続人の数に加えます（相続税法12条1項5号・6号、15条2項）。

　したがって、法定相続人3名全員が相続の放棄をした場合でも、これを相続人の数に加えますので、これらの非課税限度額の総額は、1,500万円（500万円×3＝1,500万円）となります。

　ただし、上記のとおり、相続を放棄した者は、死亡生命保険金及び死亡退職手当金等の非課税措置の特例を受けることができず、受け取った死亡生命保険金等の全額が相続税の課税対象となります（相続税法基本通達12-8、12-10）。

　(2)　相続人同様に、税額軽減の特例等が受けられる場合

　ア　配偶者が遺贈によって財産を取得した場合は、相続の放棄をした配偶者も、相続の放棄をしなかった場合と同様に、税額軽減の特例を受けることができます（相続税法19条の2第1項、相続税法基本通達19の2-3）。

　なお、この税額軽減の特例は、配偶者が相続した課税対象の遺産額が1億6,000万円までか、配偶者の法定相続分相当額までであれば、相続税が課税されないというものです。

　イ　相続を放棄した未成年者が遺贈により財産を取得した場合は、その未成年者も、相続の放棄をしなかった場合と同様に、未成年者控除の適用を受けることができます（相続税法19条の3第1項、相続税法基本通達19の3-1）。

　また、障害者控除についても、同様です（相続税法19条の4第1項）。

[相続放棄者が相続放棄がなかった者として取り扱われる場合]

① 相続税の総額の算定に必要な「遺産に係る基礎控除額」の計算（3,000万円＋600万円×法定相続人の数）において、相続放棄者も法定相続人の数に入れる。

② 死亡生命保険金等の非課税限度額の総額の計算（500万円×法定相続人の数）において、相続放棄者も法定相続人の数に入れる。

③ 相続放棄をした配偶者が遺贈によって財産を取得した場合でも、税額軽減の特例（法定相続分相当額又は相続した遺産額が1億6,000万円までは相続税が掛からない特例）を受けることができる。

④ 相続放棄した未成年者が遺贈により財産を取得した場合は、その未成年者も未成年者控除の適用を受けることができる（障害者における障害者控除も同様）。

再転相続

第2章

Q7 | 再転相続1：通則

> 祖父Aが多額な借金を残して死亡しましたが、その2か月後に、今度は父Bが祖父Aの相続について承認・放棄をするための熟慮期間（原則3か月）中にその選択権を行使しない間に死亡した場合、父Bの相続人である子Cは、無制限に祖父Aの相続に関して承認又は放棄を選択行使することができますか。

 これは、一般に「再転相続」の問題といわれています。

この場合、子Cの祖父Aの相続に関する承認・放棄の選択権は無制限ではなく、例えば、子Cが最初に父Bの相続（第2次相続）について放棄した場合には、祖父Aの相続（第1次相続）について承認・放棄の選択権を失い、承認・放棄ができません。

これに対し、子Cが最初に祖父Aの相続（第1次相続）について放棄した場合には、父Bの相続（第2次相続）について放棄することはできるというのが最高裁判決（最判昭和63年6月21日家月41巻9号101頁）の見解です。

その他のケースについては、解説を参照してください。

[再転相続]

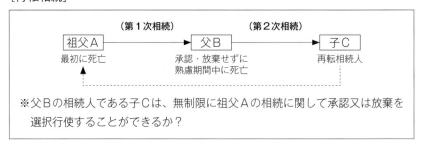

※父Bの相続人である子Cは、無制限に祖父Aの相続に関して承認又は放棄を選択行使することができるか？

解　説

1　再転相続とは

　被相続人A（例えば、祖父）が死亡し、その相続（第1次相続）が開始したものの、Aの相続人B（例えば、父）が相続の承認・放棄をするための熟慮期間中にその選択権を行使しない間に死亡し、Bの相続（第2次相続）も開始した場合において、Bの相続人C（例えば、子）は、Aの相続に関するBの承認・放棄の権利を承継し、Aの遺産の相続に関する承認・放棄を選択することができます。これを一般に「再転相続」といい、Cを再転相続人といいます（これを、後記4の「広義の再転相続」との対比上、「狭義の再転相続」という。）（潮見佳男編『新注釈民法⑲　相続(1)』（有斐閣、2019）72頁参照）。

　この狭義の再転相続においては、二つの問題点があります。

　一つは、C（子）が第2次相続（Bの遺産相続）の承認・放棄と無関係に、第1次相続（Aの遺産相続）の承認・放棄ができるかという問題です。

　他の一つは、民法916条は、相続人が相続の承認又は放棄をしないで死亡したときは、民法915条1項の期間（承認又は放棄をすべき期間：原則3か月）は、「その者の相続人が自己のために相続の開始があったことを知った時」から起算すると規定していますが、Aの遺産相続に関する承認・放棄をするためのCの熟慮期間がいつから起算されるか問題があります。

　後者のCの熟慮期間の起算点については**Q9**で検討することとし、本問では、前者の第1次相続と第2次相続における相互の承認・放棄の選択権の可

否について検討することとします。

2　再転相続人Ｃの第１次相続（Ａの相続）についての選択権の法的性質（承継説（Ｂの地位の承継））

(1)　Ｃがまず第２次相続（Ｂの相続）を放棄し、その後第１次相続について承認・放棄の選択権を行使することができるかということです。

　　民法939条は、「相続の放棄をした者は、その相続に関しては、初めから相続人とならなかったものとみなす。」と規定し、Ｃの第２次相続（Ｂの相続）の放棄の効力はＢの死亡時に遡り、初めからＢの相続人でなかったことになります。

　　これを前提として、通説・判例は、Ｃの第１次相続についての承認・放棄の選択権は、Ｂの地位を承継したものと解し（承継説）、まず第２次相続（Ｂの相続）について放棄した以上は、Ｂが有していた相続の承認・放棄の選択権を失うので、もはや第１次相続（Ａの相続）についての承認・放棄の選択権を失うことになるとしています（前掲『新注釈民法(19)』72頁以下参照、最判昭和63年6月21日家月41巻9号101頁）。

　　この点につき、上記最高裁昭和63年6月21日判決は、「丙（本問ではＣ）が乙（本問ではＢ）の相続を放棄して、もはや乙（Ｂ）の権利義務をなんら承継しなくなった場合には、丙（Ｃ）は、右の放棄によって乙（Ｂ）が有していた甲（本問ではＡ）の相続についての承認又は放棄の選択権を失うことになるのであるから、もはや甲（Ａ）の相続につき承認又は放棄をすることはできないといわざるをえない」と判示し、丙（Ｃ）が第２次相続（乙（Ｂ）の相続）について放棄した以上は、第１次相続（甲（Ａ）の相続）についての承認・放棄の選択権を失い、これを行使することができないとしています。すなわち、同最高裁判決は、丙（Ｃ）が最初に第２次相続（乙（Ｂ）の相続）を放棄すると、丙（Ｃ）が、その相続に関して、初めから相続人とならなかったものとみなされる（民法939条）ことから、第１次相続について甲（Ａ）の選択権自体も承継されないことを判示しています。

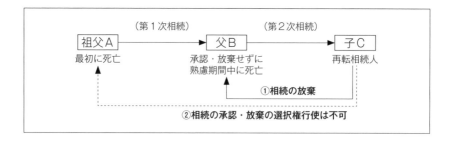

(2)　そして、上記承継説によれば、Cが第2次相続（Bの相続）を承認して
いれば、第1次相続（Aの相続）について熟慮期間中に承認・放棄の
選択権を自由に行使できることになります（前掲『新注釈民法⑲』73頁）。
この結論は、上記最高裁昭和63年6月21日判決も当然是認しているも
のと解されます。

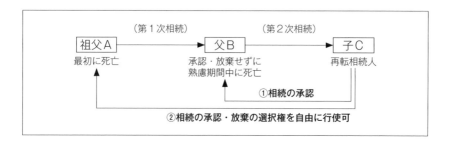

3　再転相続人Cが最初に第1次相続（Aの相続）について承認・放棄の選択権を行使した場合の問題点

(1)　例えば、Cがまず第1次相続（Aの相続）について放棄した後、第2
次相続（Bの相続）についても放棄した場合、第1次相続（Aの相続）の
放棄の効力が無効となるか否か問題となります。

　　民法939条は、上記のとおり、Cによる第2次相続（Bの相続）の放
棄の効力がBの死亡時に遡ることを考慮すれば、Cが第2次相続（Bの
相続）を放棄した以上は、第1次相続（Aの相続）について再転相続人と
しての地位を当初から承継しなかったことになり、Cによる第1次相続

（Aの相続）の放棄の効力は遡って無効であると考える余地があります（前掲『新注釈民法⑲』73頁参照）。

　しかし、Cが第2次相続（Bの相続）について放棄していなければ、第1次相続（Aの相続）について放棄することは、Cの再転相続人としての固有の権利であると考えることもできます（内田貴『民法Ⅳ　親族・相続〔補訂版〕』（東京大学出版会、2004）349頁以下参照）。

　この点につき、上記最高裁昭和63年6月21日判決は、「丙（本問ではC）が乙（本問ではB）の相続につき放棄をしていないときは、甲（本問ではA）の相続につき放棄をすることができ、かつ、甲の相続につき放棄をしても、それによっては乙の相続につき承認又は放棄をするのになんら障害にならず、また、その後に丙（C）が乙の相続につき放棄をしても、丙（C）が先に再転相続人たる地位に基づいて甲の相続につきした放棄の効力がさかのぼって無効になることはないものと解するのが相当である。」と判示し、丙（C）の甲（A）の相続についてした放棄を有効としています。

　すなわち、同最高裁判決は、第2次相続（Bの相続）について放棄していなければ、第1次相続（Aの相続）について放棄することができ、その後第2次相続（Bの相続）についてCが放棄をしても、既に再転相続人としての地位（固有の権利）に基づいて第1次相続（Aの相続）についてした相続放棄の効力が遡って無効になることはないと判示しました。

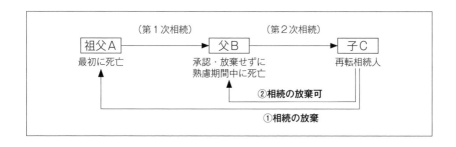

(2)　また、上記最高裁昭和63年6月21日判決の見解によれば、第2次相

続（Bの相続）について放棄していなければ、まず第1次相続（Aの相続）について承認した後に、第2次相続（Bの相続）について放棄しても、第1次相続（Aの相続）の承認の効力は有効のままであると解されます。

　同最高裁判決はこの点までは明示していませんが、Cが先に再転相続人としての固有の権利に基づいて第1次相続（Aの相続）についてした承認の効力は、第2次相続（Bの相続）の放棄によって遡って無効になることはないと解されます（ただし、反対の見解あり。この点の詳細は**Q 8**参照）。

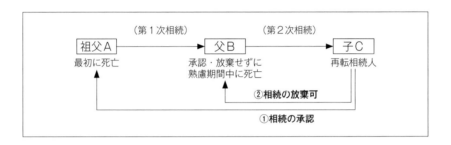

4　広義の再転相続について

(1)　広義の再転相続とは

　例えば、AB夫婦間には、X、Y1及びY2の3人の子がいるところ、父Aが死亡し、母B及び3人の子が父Aの相続（第1次相続）について民法915条1項の熟慮期間が経過した（つまり単純承認した）が、父Aの遺産の分割が未了の間に、更に母Bが死亡したことから、子3名（X、Y1及びY2）が母Bを相続したようなケースを、広義の再転相続といわれています（前掲『新注釈民法(19)』73頁参照）。

　これは、上記**1**から**3**の「Bが民法915条の承認・放棄をなすべき熟慮期間中に死亡した」狭義の再転相続の事案とは異なります。

(2)　広義の再転相続と遺産分割

　上記のケースは、最高裁平成17年10月11日決定（民集59巻8号2243頁）の事案をベースとしたものです。この事案では、子Xが、子Y1及びY2を相手方として、A及びBの各遺産の分割審判を申し立て、これが併合されま

したが、子Y2が母Bから特別受益を受けていたことが問題となりました。

　これは、AとBの各遺産が、どのように遺産分割されるかという問題とも関連します。

　原審（大阪高決平成17年2月28日）は、母Bに係る遺産分割については、Aの遺産に対するBの相続分は、Aの遺産を取得することができるという抽象的な法的地位であって遺産分割の対象となる具体的な財産権ではなく、Bが死亡したことにより遺産分割によらないで当然にBの相続人に承継されるものであり、かつ、この承継には民法903条（特別受益）の適用がないと解されるとして、Bには審判によって分割すべき遺産は存在しない（すなわち、Bには、その相続開始時に遺産分割の対象となる未分割の固有の財産はなく、Bからの特別受益を考慮する場面はない。）から、Bに係る遺産分割審判の申立ては不適法であるとしました。

　これに対し、上記最高裁平成17年10月11日決定は、母Bは、Aの相続（第1次相続）の開始と同時に、Aの遺産について相続分に応じた共有持分権（当該持分権は、抽象的な権利ではなく、実体上の権利である（最判昭和61年3月13日民集40巻2号389頁等参照）。）を取得しており、これはBの遺産を構成するものであるから、これをBの共同相続人である子3名（X、Y1及びY2）に分属させるには、遺産分割手続を経る必要があり、共同相続人の中にBから特別受益に当たる贈与を受けた者があるときは、その持戻しをして各共同相続人の具体的相続分を算定しなければならない旨判示し、原決定を破棄し、本件を原審に差し戻しました。

　すなわち、同最高裁決定は、BがAから相続分に応じた財産を取得したとして、Bの財産の遺産分割を行う必要があると判示しました。

　このように、広義の再転相続の場合には、再転相続が第2次、第3次、第4次などと、重複して発生することがありますが、この場合においても、各被相続人（上記最高裁決定の事案ではA・B）ごとに、再転相続人の相続分の割合を確定していく必要があり、その算出計算上、複雑になるケースがあります。この点については、**Q10**以下で検討することとします。

［広義の再転相続（数次相続）］

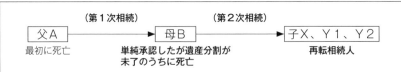

※上記最高裁平成17年10月11日決定の事案と決定内容

① 子Xが、子Y1及びY2を相手方として、A・Bの各遺産の分割審判を申し立て、これが併合されたが、子Y2が母Bから特別受益を受けていたことが問題となった事案

② 同最高裁決定の内容等

- 母Bは、Aの相続の開始と同時に、Aの遺産について相続分に応じた共有持分権（実体上の権利）を取得し、これは母Bの遺産を構成する。
- 当該Bの遺産（共有持分権）をBの相続人3名（子X、Y1、Y2）に分属させるには、遺産分割手続を経る必要があり、また、相続人の中にBから特別受益に当たる贈与を受けた者（子Y2）があるときは、その持戻しをして各相続人の具体的相続分を算定する必要がある。
- 以上のように、広義の再転相続の場合には、各被相続人（上記最高裁決定の事案ではA・B）ごとに、再転相続人の相続分の割合を確定していく必要がある。

8 | **再転相続2：狭義の再転相続**

> 祖父Aが遺産として銀行預金500万円を残して死亡しましたが、その2か月後に、今度は父Bが祖父Aの相続について承認・放棄をするための熟慮期間（原則3か月）中にその選択権を行使しない間に死亡しました。父Bの遺産は債務超過です。
>
> この場合、父Bの相続人である子Cは、先に祖父Aの相続を承認して500万円の遺産を取得し、次に、父Bの相続について熟慮期間内であるとして、放棄して父Bの債務（借金）を相続しないことができますか。

A できます。

前問で検討したとおり、通説・判例は、子Cが、まず父Bの相続（第2次相続）を放棄した場合には、父Bが有していた祖父Aの相続についての承認・放棄の選択権を失うので、もはやAの相続（第1次相続）について承認も放棄もできなくなります。

しかし、子Cは、まず祖父Aの相続（第1次相続）について、再転相続人としての固有の権利に基づいて承認した後に、父Bの相続（第2次相続）を放棄をしても、第1次相続（Aの相続）の承認の効力は有効のままであると解されます（ただし、反対の見解あり。この点は解説参照。）。

［本件関係図］

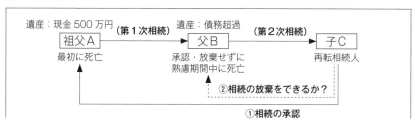

> ※子Cは、先に祖父Aの相続を承認して遺産の銀行預金500万円を取得し、次に、父Bの相続を放棄して父Bの債務（借金）を相続しないことができるか。→可能と解される。

解 説

1　総論

　本問は、前問に続いて再転相続（狭義の再転相続）の問題です。

　本問の事案によると、子Cは、まず、祖父Aの相続を承認して、遺産である銀行預金500万円を取得し、次に、父Bの相続を放棄して父Bの債務（借金）を相続しないこととしていますが、このように、子Cによって都合のよいことが可能かということが問題となります。

　この点につき、子Cが先に父Bの相続（第2次相続）を放棄した場合には、父Bが有していた祖父Aの相続についての承認・放棄の選択権を失うので、もはやAの相続（第1次相続）について、承認も放棄もできなくなるというのが通説・判例です（潮見佳男編『新注釈民法(19)　相続(1)』（有斐閣、2019）72頁以下参照、最判昭和63年6月21日家月41巻9号101頁）。

　上記最高裁昭和63年6月21日判決は、「丙（本問ではC）が乙（本問ではB）の相続を放棄して、もはや乙（B）の権利義務をなんら承継しなくなった場合には、丙（C）は、右の放棄によって乙（B）が有していた甲（本問ではA）の相続についての承認又は放棄の選択権を失うことになるのであるから、もはや甲（A）の相続につき承認又は放棄をすることはできないといわざるをえない」と判示しています。すなわち、同判決は、丙（C）が最初に第2次相続（乙（B）の相続）を放棄すると、丙（C）が、その相続に関して、初めから相続人とならなかったものとみなされる（民法939条）ことから、第1次相続について甲（A）の選択権自体も承継されないと判示したものです。

　一方、同最高裁判決は、「丙（本問ではC）が乙（本問ではB）の相続につき放棄をしていないときは、甲（本問ではA）の相続につき放棄をすることができ、かつ、甲の相続につき放棄をしても、それによっては乙の相続につき承

認又は放棄をするのになんら障害にならず、また、その後に丙（C）が乙の
相続につき放棄をしても、丙（C）が先に再転相続人たる地位に基づいて甲
の相続につきした放棄の効力がさかのぼって無効になることはないものと解
するのが相当である。」と判示し、丙（C）の甲（A）の相続についてした放
棄を有効としています。

　すなわち、同最高裁判決は、第2次相続（Bの相続）について放棄してい
なければ、第1次相続（Aの相続）について放棄することができ、その後第
2次相続（Bの相続）についてCが放棄をしても、既に再転相続人としての
地位に基づいて第1次相続（Aの相続）についてした相続放棄の効力が遡っ
て無効になることはないと判示しました。

　なお、Cが第2次相続（Bの相続）について放棄していなければ、第1次
相続（Aの相続）について放棄することは、Cの再転相続人としての固有の
権利であると考えることができます（内田貴『民法Ⅳ　親族・相続〔補訂版〕』（東
京大学出版会、2004）349頁以下参照）。

2　先に第1次相続を承認した後に、第2次相続を放棄することの可否

　それでは、本問のように、子Cは、まず、祖父Aの相続を承認した後に、
父Bの相続を放棄することはできるかという問題があります。なお、上記最
高裁昭和63年6月21日判決は、この点まで明示していません。

　しかし、同最高裁判決の見解によれば、第2次相続（父Bの相続）について
放棄していなければ、まず第1次相続（祖父Aの相続）について承認した後に、
第2次相続（父Bの相続）について放棄しても、第1次相続（祖父Aの相続）の
承認の効力は有効のままであると解されます。すなわち、Cが先に再転相続
人としての固有の権利に基づいて第1次相続（Aの相続）についてした承認
の効力は、第2次相続（父Bの相続）の放棄によって遡って無効になることは
ないと解されるからです。

　ここで、子Cが先に再転相続人としての固有の権利に基づいてAの相続を
承認することは、その後における父Bの相続（第2次相続）について承認する
か、放棄するかの問題とは無関係であるということです。そこで、子Cは、

祖父Aの相続（第1次相続）についての承認・放棄とは無関係に、父Bの相続人として独立・固有の権利に基づいて、父Bの相続（第2次相続）を承認又は放棄することができるものと解されます（梶村太市＝貫島慶四郎『遺産分割のための相続分算定方法』（青林書院、2015）155頁以下参照）。このことは、相続関係（身分関係）の安定性の要請からもいえるものと考えられます。

　以上のとおり、子Cは、先にした祖父Aの相続についての承認・放棄とは関係なく、父Bの相続について承認・放棄することができると解されます。

　なお、この点に関して反対の見解があります。すなわち、子Cが先に第1次相続（Aの相続）を承認しても、第2次相続（Bの相続）を放棄した場合には、相続の放棄の遡及効により、初めから相続人とならなかったものとなること（民法939条）を根拠に、子Cは第1次相続（Aの相続）について再転相続人として選択する地位を承継していないことになり、その相続の承認は無効となるものと解する見解です（潮見佳男『詳解相続法〔第2版〕』（弘文堂、2022）72頁以下）。しかし、相続関係（身分関係）の安定性等を考慮すると、前記のような見解に与するべきものと考えられます。

3　まとめ

　以上のように、子Cが先に第2次相続（Bの相続）を放棄した以上、第1次相続（Aの相続）を承認できず、相続分が皆無となりますが、子Cが先に第1次相続（Aの相続）を承認すれば、次に第2次相続（Bの相続）を放棄した場合でも、第1次相続（Aの相続）の相続分を確保することができるものと解されます。

　このように、狭義の再転相続においては、第1次相続及び第2次相続のいずれを先に承認・放棄の選択権を行使するかによって、相続分に違いが生じる場合があると解されます。

再転相続3：「その者の相続人が自己のために相続の開始があったことを知った時」の意味

伯父AがM銀行に8,000万円の借入金の連帯保証債務を残して死亡しましたが、その4か月後に、今度は父Bが伯父Aの相続人になったことを知らないまま死亡しました。その約3年後に父Bの相続人である子Cは、突然M銀行から伯父Aの上記連帯保証債務の履行の請求通知を受けました。子Cは、当該請求通知を受けてから3か月以内に伯父Aの相続について放棄の申述をしましたが、これは有効ですか。

なお、子Cは、父Bの死亡についてはその当日に知りましたが、伯父Aの死亡については、上記請求通知を受領するまで知りませんでした。

A 子Cの当該相続放棄の申述は有効です。

民法916条にいう「その者の相続人が自己のために相続の開始があったことを知った時」とは、相続の承認又は放棄をしないで死亡した者の相続人が、当該死亡した者からの相続により、当該死亡した者が承認又は放棄をしなかった相続における相続人としての地位を、自己が承継した事実を知った時をいうと解されます。また、伯父Aからの相続に係る子Cの熟慮期間の起算点について、父Bにおいて自己がAの相続人であることを知っていたか否かにかかわらず、民法916条が適用されることは、同条がその適用がある場面につき、「相続人が相続の承認又は放棄をしないで死亡したとき」とのみ規定していることなどから明らかであるといえます（最判令和元年8月9日民集73巻3号293頁参照）。

したがって、子Cは、M銀行から伯父Aの上記連帯保証債務の履行の請求通知により、父Bから伯父Aの相続人としての地位を自己（C）が承継した事実を知ったことになり、CのAからの相続に係る熟慮期間は、上記請求通知を受領した時から起算されるので、3か月の熟慮期間内にされた

子Cの相続放棄の申述は有効です。

[本件事案の関係図]

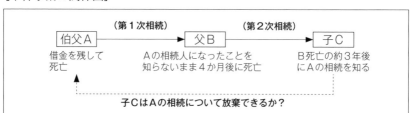

※上記最高裁令和元年8月9日判決は、民法916条にいう「その者の相続人
　が自己のために相続の開始があったことを知った時」とは、相続の承認又は
　放棄をしないで死亡した者の相続人が、当該死亡した者からの相続により、
　当該死亡した者が承認又は放棄をしなかった相続における相続人としての地
　位を、自己が承継した事実を知った時をいうと判示し、子Cの相続放棄を有
　効であるとした。

解　説

1　再転相続における再転相続人の熟慮期間の起算点

　本問は、最高裁令和元年8月9日判決（民集73巻3号293頁）の事案を参考
としたものです。

　そして、本問は、前問と同じ再転相続の事案であり、伯父Aが死亡し、そ
の相続（第1次相続）が開始したものの、Aの相続人である父Bが相続の承
認・放棄の選択権を行使しない間に死亡し、Bの相続（第2次相続）も開始し、
その子C（再転相続人）が相続人となった事案です。

　この場合、子Cは、最初に父Bの相続について放棄すると、もはや父Bの
地位（権利義務）を何ら承継しなくなるので、子Cは、Aの相続（第1次相続）
についての承認・放棄の選択権を失い、Aの相続につき承認・放棄をするこ
とはできません（最判昭和63年6月21日家月41巻9号101頁）。

　しかし、そうでない限りは、子Cは、Aの相続について自由に承認・放棄
の選択権を行使できると解されますが、民法916条は、相続人が相続の承認

又は放棄をしないで死亡したときは、民法915条1項の期間（承認又は放棄を
すべき期間：原則3か月）は、「その者の相続人が自己のために相続の開始が
あったことを知った時」から起算すると規定しているので、Aの相続に関す
る承認・放棄をするための子Cの熟慮期間がいつから起算されるかが問題と
なります。

　この点については、民法916条にいう「その者の相続人が自己のために相
続の開始があったことを知った時」につき、①子Cが自分のために第2次相
続（Bの相続）の開始があったことを知った時をいうのか（第2次相続基準説）、
②子CがBのために第1次相続（Aからの相続）の開始があったことを知った
時をいうのか（第1次相続基準説）が問題となります。

　そして、本問では、①第2次相続基準説によれば、子CによるAの相続放
棄は、Bの死亡をその当日に知ったのであるから熟慮期間経過後にされたも
のとなるのに対し、②第1次相続基準説によれば、子Cは、上記連帯保証債
務の履行の請求通知の受領により、BがAの相続人であり、子CがBからA
の相続人としての地位を承継した事実を知ったのであるから、子CによるA
の相続放棄は熟慮期間内にされたものとなります。

2　第2次相続基準説

　この説は、従前、通説的立場にあったものです（法曹会決議明治40年5月18
日法曹会決議要録上913頁、谷口知平＝久貴忠彦編『新版注釈民法(27)　相続(2)〔補訂版〕』
（有斐閣、2013）476頁以下、内田貴『民法Ⅳ　親族・相続〔補訂版〕』（東京大学出版会、
2004）349頁等）。

　この説は、相続人（本問ではB）が承認・放棄をなさずして死亡したときは、
その者の相続人（本問ではC）が先の相続（本問ではAの相続）の開始があった
ことを知っていたかとは関係なく、自己のため相続（Bの相続＝第2次相続）
の開始があったことを知った時から熟慮期間を起算すべきものとする見解で
あり、第1次相続（Aの相続）の開始の事実やAの債務の存在の事実等は、
Bを相続にする際の調査事項の一部にすぎないということを論拠としていま
す（潮見佳男編『新注釈民法(19)　相続(1)』（有斐閣、2019）509頁以下参照）。

　しかし、この説は、子Cが第1次相続（Aの相続）の開始の事実を知らない場合でも、第2次相続（Bの相続）を知っていれば、子Cにその相続財産の調査義務を負わせることとなり、不可能を強いることなります。特に、第1次相続に係る相続財産が債務超過であった場合には、子Cにその履行負担を事実上強制することになり、再転相続人の保護に著しく欠けることになります。

3　第1次相続基準説

(1)　最高裁令和元年8月9日判決（第1次相続基準説を採用）

　この説は、上記最高裁令和元年8月9日判決が採用した見解であり、再転相続人（C）の立場を実質的に保護しています。

　以下、同判決の要旨を、解説の便宜上、本問の事例に合わせて挙げます。

　　① 民法916条の趣旨は、BがAからの相続について承認・放棄をしないで死亡したときには、BからAの相続人としての地位を承継したCにおいて、Aからの相続について承認又は放棄のいずれかを選択することになるという点に鑑みて、Cの認識に基づき、Aからの相続に係るCの熟慮期間の起算点を定めることによって、Cに対し、Aからの相続について承認又は放棄のいずれかを選択する機会を保障することにあるというべきである。

　　② 再転相続人であるCは、自己のためにBからの相続が開始したことを知ったからといって、当然にBがAの相続人であったことを知り得るわけではない。また、Cは、Bからの相続により、Aからの相続について承認又は放棄を選択し得るBの地位を承継してはいるものの、C自身において、BがAの相続人であったことを知らなければ、Aからの相続について承認又は放棄のいずれかを選択することはできない。Cが、BからAの相続人としての地位を承継したことを知らないにもかかわらず、CのためにBからの相続が開始したことを知ったことをもって、Aからの相続に係る熟慮期間が起算されるとすることは、Cに対し、Aからの相続について承認又は放棄のいずれかを選択する機

会を保障する民法916条の趣旨に反する。

③　以上によれば、民法916条にいう「その者の相続人が自己のために相続の開始があったことを知った時」とは、相続の承認又は放棄をしないで死亡した者の相続人が、当該死亡した者からの相続により、当該死亡した者が承認又は放棄をしなかった相続における相続人としての地位を、自己が承継した事実を知った時をいうものと解すべきである。

④　なお、Aからの相続に係るCの熟慮期間の起算点について、Bにおいて自己がAの相続人であることを知っていたか否かにかかわらず民法916条が適用されることは、同条がその適用がある場面につき、「相続人が相続の承認又は放棄をしないで死亡したとき」とのみ規定していること及び同条の前記趣旨から明らかである。

　同判決は、以上の判示をした上で、本問の事例に合わせると、子Cは、M銀行から伯父Aの上記連帯保証債務の履行の請求通知により、父Bから伯父Aの相続人としての地位を自己が承継した事実を知ったことになるので、CのAからの相続に係る熟慮期間は、上記請求通知を受領した時から起算されることになるので、3か月の熟慮期間内にされた子Cの相続放棄の申述は有効であるとしています。

　なお、原審（大阪高判平成30年6月15日）は、①民法916条にいう「その者の相続人が自己のために相続の開始があったことを知った時」とは、子Cが自己のためにBからの相続が開始したことを知った時をいうと解されるところ、同条は、Bが自己がAの相続人であることを知っていたが、相続の承認・放棄をしないで死亡した場合を前提にしていると解すべきであり、BがAの相続人となったことを知らずに死亡した本件に同条は適用されず、②Aからの相続に係る子Cの熟慮期間の起算点は、民法915条（相続の承認・放棄をすべき期間：原則3か月）によって定まることから、Aからの相続に係る子Cの熟慮期間は、子CがBからAの相続人としての地位を承継した事実を知った時（つまり上記請求通知を受領した時）から起算され、子Cの相続放棄は有効であると判示し、本件最高裁令和元年8月9日判決と結論を同じにしていま

す。

　そこで、本件最高裁令和元年 8 月 9 日判決は、上記原審判決につき、民法 916 条の解釈適用を誤った違法があるものの、結論において是認することができるとして、上告人（本問ではM銀行）の上告を棄却しています。

(2)　最高裁令和元年 8 月 9 日判決以前の下級審裁判例の動向

　当該判決以前において、民法 916 条の適用が問題なった裁判例においても、第 1 次相続基準説を前提としたと解されるものとして、①名古屋高裁金沢支部平成 9 年 9 月 17 日決定（家月 50 巻 3 号 30 頁。A→B→Cという再転相続の事案において、再転相続人Cが相続人Bに係る相続放棄の申述の却下後に被相続人Aに係る相続放棄の申述をしたときは、民法 916 条の熟慮期間は再転相続人Cによる相続人Bに係る相続放棄の申述が却下された時から進行を開始するとして、被相続人Aに係る相続放棄の申述を有効である旨決定）、②仙台高裁秋田支部平成 5 年 11 月 4 日決定（家月 47 巻 1 号 125 頁。再転相続の事案において、再転相続人らは、原審裁判所（秋田家庭裁判所）からの各照会書に対して回答する際に、その自己のために第 1 次相続（祖父の相続）の開始のあったことを知った日についてこれを誤解して、真実は「平成 5 年 4 月 21 日頃」と記入すべきところを「平成 4 年 12 月 28 日」と記入したものと考える余地があるとして、更に審理を尽くす必要があるとして原審裁判所に差し戻す旨決定）があります。

4　本問の回答

　上記最高裁令和元年 8 月 9 日判決が判示するとおり、第 1 次相続基準説に従い、M銀行から伯父Aの上記連帯保証債務の履行の請求通知を受領した時から 3 か月の熟慮期間内にされた子Cの相続放棄の申述は有効です。

Q10 広義の再転相続における各相続人と各相続人の相続分の確定1 （再転相続が2回の場合）

　　父Aが死亡し、母B及び3人の子X、Y及びZが相続人です。父Aの相続（第1次相続）について民法915条1項の熟慮期間が経過した（つまり単純承認した）が、父Aの遺産の分割が未了の間に、更に母Bが死亡しました。その後、父A及び母Bの遺産の分割が未了の間に更に子Zが死亡しましたが、Zには妻Tがいます。

　　この場合、子X、子Y及びZの妻Tの3名の各相続分の割合はどうなりますか。

 本問は、当初のAの相続発生後に再転相続が2回発生した事案です。

　各相続人の相続分の割合の算出方法は、解説を参照してください。ここでは、結論だけいいますと、①子XとYの相続分は各8分の3、②Zの妻Tの相続分は4分の1となります。

　これらの相続分を合計すると「1」（3/8×2＋1/4＝6/8＋2/8＝1）となり、当初のAの相続人である母B及び子3名（X、Y、Z）の相続分合計の「1」（母B 1/2＋子1/6×3＝1）と同じになることが確認できます。

［本問の広義の再転相続の例］

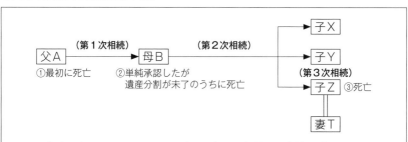

※この事案において、子X、Y及びZの妻Tの相続分の割合の算出方法
　(1) 亡父Aの相続につき、相続人は妻Bと子の3名で、その相続分は、妻B

が2分の1、子3名が各6分の1（1/2×1/3＝1/6）。

(2)　次に亡母Bの相続につき、母BのAからの相続分2分の1を子3名で均等相続するので、子3名の母Bからの相続分は、各6分の1（1/2×1/3＝1/6）。

(3)　最後に、亡Zの相続につき、その妻T及びX、Yが相続人となり、妻Tの相続分が4分の3、Zの兄弟姉妹であるX、Yは、4分の1を均等に相続することになるので、妻TのZからの相続分は4分の1（〔1/6＋1/6〕×3/4＝1/4）、XとYのZからの相続分は各24分の1（〔1/6＋1/6〕×1/4×1/2＝1/24）。

(4)　以上を合計すると、

①　子XとYの相続分は、各8分の3（1/6＋1/6＋1/24＝9/24（＝3/8））

②　Zの妻Tの相続分は、4分の1（＝2/8）となり、これらを合計すると「1」（3/8×2＋2/8＝1）となる。

解　説

1　広義の再転相続とは

　広義の再転相続とは、**Q7**で説明したとおり、例えば、AB夫婦間には、X、Y及びZ3人の子がいるところ、父Aが死亡し、母B及び3人の子が父Aの相続（第1次相続）について民法915条1項の熟慮期間が経過した（つまり単純承認した）が、父Aの遺産の分割が未了の間に、更に母Bが死亡したことから、子3名（X、Y及びZ）が母Bを相続（第2次相続）したようなケースをいいます。

　これに対し、狭義の再転相続は、母Bが父Aの相続について民法915条の承認・放棄をなすべき熟慮期間中に死亡したケースであり、子Xらが第2次相続（Bの相続）について放棄していなければ、第1次相続（Aの相続）について承認・放棄することは、子Xらの再転相続人としての固有の権利であると解されます（内田貴『民法Ⅳ　親族・相続〔補訂版〕』（東京大学出版会、2004）349頁以下参照）。この場合、子Xらは、直接に第1次相続（Aの相続）を相続することになります。

　しかし、広義の再転相続では、子Ｘらは、直接に第１次相続（Ａの相続）を相続するのではなく、父Ａを相続した母Ｂの相続分（Ａから承継した相続分）を相続することになります。

　広義の再転相続では、再転相続が第２次、第３次、第４次などと、次々と重複して発生することがあり、再転相続人の相続分の確定に困難な問題が生じることがあります。

　また、再転相続の場合、それぞれの再転相続の開始時点の民法（相続法）の規定が適用されることになるので、民法の規定の改正には注意を要します（梶村太市＝貴島慶四郎『遺産分割のための相続分算定方法』（青林書院、2015）156頁以下参照）。

[狭義の再転相続と広義の再転相続の違い]

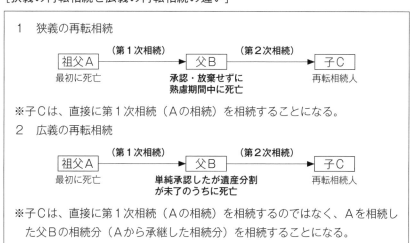

```
1　狭義の再転相続

    祖父A   （第1次相続）→  父B   （第2次相続）→  子C
    最初に死亡         承認・放棄せずに         再転相続人
                      熟慮期間中に死亡

  ※子Cは、直接に第1次相続（Aの相続）を相続することになる。

2　広義の再転相続

    祖父A   （第1次相続）→  父B   （第2次相続）→  子C
    最初に死亡         単純承認したが遺産分割      再転相続人
                      が未了のうちに死亡

  ※子Cは、直接に第1次相続（Aの相続）を相続するのではなく、Aを相続し
    た父Bの相続分（Aから承継した相続分）を相続することになる。
```

2　民法の規定の改正による法定相続人の相続分の推移

(1)　明治民法時代

　明治31年民法については、**FOCUS 6**を参照してください。ここでは、主にその概略について触れます。

　明治31年民法（明治31年7月16日施行。以下、この項において「旧民法」とい

う。）は、家制度を基礎として親族関係が規定され、相続に関しては、①「戸主の戸主権及び財産権の相続である家督相続」と、②「家族の財産権の相続である遺産相続」を中心に規定されていましたが、家制度や相続に係る部分は、「日本国憲法の施行に伴う民法の応急的措置に関する法律」（昭和22年法律第74号。以下「応急措置法」という。）の施行（昭和22年5月3日）によって不適用とされ、昭和22年民法（昭和22年法律第222号。以下、この項において「新法」という。）の施行（昭和23年1月1日）によって廃止されました。

ア　家督相続について

家督相続とは、戸主の死亡又は戸主権喪失に基づく、戸主という法律上の地位の承継であって、身分相続・財産相続・単独相続であるとともに、生前相続（隠居、国籍喪失等）もあり得ます。

家督相続人の種類とその相続順位に従って分類すると、以下のとおりです。

① 第1順位　第一種の法定家督相続人（被相続人の家族たる直系卑属）（旧民法970条）

② 第2順位　指定家督相続人（被相続人によって指定された者）（旧民法979条）

③ 第3順位　第一種の選定家督相続人（父、母又は親族会によって家族の中から選定された者）（旧民法982条）

④ 第4順位　第二種の法定家督相続人（家に在る直系尊属中最も親等の近い者）（旧民法984条）

⑤ 第5順位　第二種の選定家督相続人（親族会によって被相続人の親族、家族、分家の戸主又は本家若しくは分家の家族の中から選任された者）（旧民法985条）

イ　遺産相続について

遺産相続とは、家族、つまり戸主たる地位にない者の死亡により財産を承継する制度をいいます。

遺産相続人の範囲及び順位は、以下のとおりです。

① 第1順位　直系卑属（旧民法994条）

被相続人の直系卑属が第1順位の遺産相続人となります。

親等の異なる者（例えば、子と孫）がある場合は、近親である子が優先し、子が複数あるときは同順位で共同して相続します（旧民法994条）。

②　第2順位　配偶者（旧民法996条1項第1）

被相続人に直系卑属がない場合には、その配偶者が遺産相続人となります（旧民法996条）。

③　第3順位　直系尊属（旧民法996条1項第2）

被相続人に直系卑属も配偶者もない場合には、父母、祖父母等の直系尊属が遺産相続人となります（旧民法996条1項第2）。

親等の異なる尊属（例えば、祖父母と父母）がある場合は、近い者（父母）が優先し、親等の同じ者（例えば、父母）は同順位で共同して相続します（旧民法994条）。

④　第4順位　戸主（旧民法996条1項第3）

被相続人に直系卑属、配偶者及び直系尊属のいずれもない場合には、その被相続人の属した家の戸主が遺産相続人となります（旧民法996条1項第3）。

ウ　新法施行に伴う経過措置

応急措置法施行前に開始した相続に関しては、原則として、旧民法を適用します（新法附則25条1項）。

なお、応急措置法施行後、新法施行前に生じた事項には、特段の規定がある場合を除いて、新法が適用されますが、旧民法及び応急措置法によって生じた効力は妨げられません（新法附則4条）。

(2)　新法施行から昭和55年改正民法施行前（昭和55年12月31日以前）まで

昭和55年改正民法（法律第51号。昭和56年1月1日施行）により、子・配偶者等の法定相続人の相続分の割合が変更されていますが、同改正民法施行前（昭和55年12月31日以前）の各法定相続人の相続分の割合は、以下の表のように定められていました（昭和55年改正前民法900条）。

[昭和55年改正前民法（昭和55年12月31日以前）]

相続人	法定相続分
子と配偶者の場合	子　　　：3分の2、　配偶者：3分の1
直系尊属と配偶者の場合	直系尊属：2分の1、　配偶者：2分の1
兄弟姉妹と配偶者の場合	兄弟姉妹：3分の1、　配偶者：3分の2

(3)　昭和55年改正民法施行後（昭和56年1月1日以後）について

　ア　法定相続分の変更

　上記昭和55年改正民法施行後（昭和56年1月1日施行）においては、各法定相続人の相続分は、以下の表のように定められています（昭和55年改正民法900条）。

[昭和55年改正民法施行後（昭和56年1月1日以後）]

相続人	法定相続分
子と配偶者の場合	子　　　：2分の1、　配偶者：2分の1
直系尊属と配偶者の場合	直系尊属：3分の1、　配偶者：3分の2
兄弟姉妹と配偶者の場合	兄弟姉妹：4分の1、　配偶者：4分の3

　イ　兄弟姉妹の代襲相続人の制限（兄弟姉妹の「子」の一代限り）

　昭和55年改正民法施行前（昭和55年12月31日以前）においては、子又は兄弟姉妹の各直系卑属が子又は兄弟姉妹を代襲していました（すなわち、子又は兄弟姉妹の「子」・「孫」が代襲者となっていた。）が、同改正民法施行後（昭和56年1月1日施行）は、兄弟姉妹については、代襲相続人が制限され、その子（被相続人の甥・姪）までとされました（昭和55年改正民法889条2項は、民法887条3項を準用していない。）。

　なお、子については、同改正後も被相続人の「孫」・「曾孫」が代襲相続人となることが認められています。

　(4)　平成25年改正民法により嫡出子と嫡出でない子の法定相続分が同等

　平成25年改正民法（法律第94号。平成25年12月11日施行）により、嫡出で

ない子の相続分が嫡出子の相続分と同等となりました（民法900条4号ただし書の前半部分を削除）。それ以前は、嫡出でない子の相続分は嫡出子の2分の1とされていました。

　なお、この点の詳細は、**FOCUS I**を参照してください。

⑸　**再転相続における各法定相続人の相続分の割合**

　上記のとおり、再転相続の場合、それぞれの再転相続の開始時点の民法（相続法）の規定が適用されることになります。

　なお、本書では、説明の便宜上、現在の民法の規定に従って、法定相続人の相続分の割合を算出することとします。

3　再転相続における各法定相続人の相続分の割合の算出方法について

　本問は、当初のAの相続発生後に再転相続が2回発生した事案です。

　広義の再転相続の場合には、再転相続が多数回重複して発生することがありますが、この場合においても、各被相続人ごとに、再転相続人の相続分の割合を確定していく必要があります（最決平成17年10月11日民集59巻8号2243頁参照）。

⑴　**再転相続における各法定相続人の相続分の算出手順について**

　まず、当初の被相続人Aの相続（第1次相続）について、その相続人となるべき者（本問では、母B及び子3名）を確定するとともに、その相続分の割合を算出します。

　次に、その当初の相続人（本問では母B）に発生した相続（第2次相続）について、その相続人（再転相続人。本問では子3名）を確定するとともに、死亡した相続人（母B）がAから相続した相続分につき、その相続人（本問では子3名）の相続分の割合を算出します。

　さらに、当初の相続人（本問では子Z）に発生した相続（第3次相続）について、その相続人（再転相続人。本問では子X、Y及びZの妻Tの3名）を確定するとともに、死亡した相続人（子Z）がA及びBから相続した相続分につき、その相続人（子X、Y及びZの妻T）の相続分の割合を算出します。

　その後、同様な再転相続が発生した場合に同様な手順で、再転相続人の確

定とその相続分の割合を算出することになります。

　そして、最後に遺産分割の対象相続人となる者の相続分の割合を合計すると、当初の被相続人（父A）の相続についての相続人（母Bと子3名）の相続分の割合の合計と同じ「1」となり、計算の正確性を確認することができます（前掲『遺産分割のための相続分算定方法』156頁参照）。

(2)　**本問における相続人の確定方法及びその相続人の相続分の割合の具体的な算出方法**

　　ア　まず、亡父Aの相続（第1次相続）につき、法定相続人が妻Bと子の3名（X、Y、Z）であり、これらの相続分は、妻Bが2分の1、子3名が各6分の1（1/2×1/3=1/6）となります。

　　イ　次に、亡母Bの相続（第2次相続）につき、母BのAからの相続分2分の1を子3名で同等に相続することになることから、子3名（X、Y、Z）の母Bからの相続分は、各6分の1（1/2×1/3=1/6）となります。

　　ウ　最後に、亡子Zの相続（第3次相続）につき、その妻T及びX、Yが相続人となるところ、妻Tの相続分が4分の3、Zの兄弟姉妹であるX、Yは、4分の1を均等に相続することになることから、妻TのZからの相続分は4分の1（〔1/6+1/6〕×3/4=1/4）、XとYのZからの相続分は各24分の1（〔1/6+1/6〕×1/4×1/2=1/24）となります。

　　エ　以上を合計すると、

　　　①　子XとYの相続分は、各8分の3（1/6+1/6+1/24=9/24=3/8）

　　　②　Zの妻Tの相続分は、4分の1（=2/8）

　　となります。

　　　これら3名の相続分を合計すると「1」（3/8×2+2/8=1）となり、当初の相続人である母B及び子3名（X、Y、Z）の相続分合計の「1」（母B 1/2+子1/6×3=1）と同じになることが確認できます。

🔍 **FOCUS 6** | 明治 31 年民法下における相続制度の概要

　明治 31 年民法（明治 31 年 7 月 16 日施行。以下、この項において「旧民法」という。）は、家制度を基礎として親族関係が規定され、相続に関しては、①「戸主の戸主権及び財産権の相続である家督相続」と、②「家族の財産権の相続である遺産相続」を中心に規定されていましたが、家制度や相続に係る部分は、「日本国憲法の施行に伴う民法の応急的措置に関する法律」（昭和 22 年法律第 74 号。以下「応急措置法」という。）の施行（昭和 22 年 5 月 3 日）によって不適用とされ、昭和 22 年民法（昭和 22 年法律第 222 号。以下、この項において「新法」という。）の施行（昭和 23 年 1 月 1 日）によって廃止されました。

　数次相続においては、旧民法の適用がある事例も存在すると思われることから、以下、旧民法における家督相続と遺産相続についての概略を説明します。

1　家督相続についての概略

(1)　家督相続とは、戸主の死亡又は戸主権喪失に基づく、戸主という法律上の地位の承継であって、身分相続・財産相続・単独相続であるとともに、生前相続もあり得ます。

　なお、一家には必ず一人の「戸主」がいて家の統率者となりますが、この戸主たる身分に伴って家族の統率のためにある権利義務を「戸主権」（例えば、家族の居所指定権、家族の入籍・去家に対する同意権等）といいます。戸主権は、家督相続人が有します。

　家督相続の開始原因については、旧民法 964 条は、①「戸主の死亡、隠居又は国籍喪失」（1 号）、②「戸主が婚姻又は養子縁組の取消しによってその家を去ったとき」（2 号）、③「女戸主の入夫婚姻又は入夫の離婚」（3 号）を規定していました。

　1 号の「隠居」とは、戸主がその家督相続人に戸主の地位を承継させるため自ら戸主権を放棄することをいいます。

　3 号の「女戸主の入夫婚姻」とは、女戸主が婚姻して夫が妻の家に入る婚姻のことをいい、入夫が戸主となる入夫婚姻によって、従前の女戸主は家族となり、家督承継が開始し、入夫が新たな戸主となります（旧民法 736 条）。

　また、3 号の「入夫の離婚」とは、入夫が戸主になった後に離婚する

ことであり、この場合、入夫がその家を去ることになるので（旧民法739条）、家督相続の開始原因となります。

(2) 家督相続人の種類とその相続順位に従って分類すると、以下のとおりです。

なお、胎児は、家督相続については既に生まれたものとみなされます（旧民法968条）。そこで、戸籍法は、母からの胎児の家督相続届を規定していました（旧戸籍法127条）。

① 第1順位　第一種の法定家督相続人（被相続人の家族たる直系卑属）（旧民法970条）

② 第2順位　指定家督相続人（被相続人によって指定された者）（旧民法979条）

③ 第3順位　第一種の選定家督相続人（父、母又は親族会によって家族の中から選定された者）（旧民法982条）

④ 第4順位　第二種の法定家督相続人（家に在る直系尊属中最も親等の近い者）（旧民法984条）

⑤ 第5順位　第二種の選定家督相続人（親族会によって被相続人の親族、家族、分家の戸主又は本家若しくは分家の家族の中から選任された者）（旧民法985条）

(3) 家督相続の効力としては、家督相続が開始原因が発生すると、その時に相続が開始し、家督相続人は、相続開始の時から、前戸主の一身に専属していた権利義務を除き、前戸主の有していた権利義務（財産上及び身分上の権利義務）を当然承継します（旧民法986条）。

2　遺産相続についての概略

(1) 遺産相続とは、家族、つまり戸主たる地位にない者の死亡により財産を承継する制度をいいます。

遺産相続の開始原因は、死亡のみであり（旧民法992条）、遺産相続人がその遺産を相続することになります。

(2) 遺産相続人の範囲は、一定の親族に限られますが、被相続人と同一の家に在る必要はなく、日本国籍であることも必要とされていません。また、遺産相続人の順位も法定されています。

遺産相続人の範囲及び順位は、以下のとおりです。

① 第1順位　直系卑属（旧民法994条）

被相続人の直系卑属が第1順位の遺産相続人となります。

親等の異なる者（例えば、子と孫）がある場合は、近親である子が優先し、子が複数あるときは同順位で共同して相続します（旧民法994条）。

② 第2順位　配偶者（旧民法996条1項第1）

被相続人に直系卑属がない場合には、その配偶者が遺産相続人となります（旧民法996条1項第1）。

③ 第3順位　直系尊属（旧民法996条1項第2）

被相続人に直系卑属も配偶者もない場合には、父母、祖父母等の直系尊属が遺産相続人となります（旧民法996条1項第2）。

親等の異なる尊属（例えば、祖父母と父母）がある場合は、近い者（父母）が優先し、親等の同じ者（例えば、父母）は同順位で共同して相続します（旧民法994条）。

④ 第4順位　戸主（旧民法996条1項第3）

被相続人に直系卑属、配偶者及び直系尊属のいずれもない場合には、その被相続人の属した家の戸主が遺産相続人となります（旧民法996条1項第3）。このように、旧民法は、遺産相続についても家族制度的要素を取り入れています。

(3) 遺産相続の効力として、遺産相続人は、遺産相続の開始により、被相続人の一身に専属していた権利義務を除き、相続開始の時から被相続人の財産に属した権利義務を当然承継します（旧民法1001条）。

遺産相続人が複数あるときは、相続財産は共有となり（旧民法1002条）、各共同相続人は、その相続分に応じて被相続人の権利義務を承継します（旧民法1003条）。同順位の相続人が数人あるときは、各自の相続分は均等です。ただし、直系卑属については、嫡出でない子の相続分は嫡出子の2分の1です（旧民法1004条）。

3　新法施行に伴う経過措置

新法の附則により、新法施行の前後に生じた相続事項について規定しています。

(1) 新法遡及の原則

新法は、特段の規定のある場合を除いて、新法施行前に生じた事項にも適用されます。ただし、旧民法及び応急措置法によって生じた効力は妨げられ

ません（新法附則4条）。
　相続に関しては、応急措置法施行前の相続については、原則として、後記(2)で述べるように旧民法が適用されるので、新法附則4条が問題となるのは、応急措置法施行後、新法施行前の期間についてです^(注)。

（注）最高裁昭和43年11月22日判決（民集22巻12号2777頁）の要旨
　　　応急措置法施行中に相続が開始し被相続人の兄弟姉妹が相続人となる場合において、同人らが当該相続開始前に死亡していたときは、同人らの直系卑属は代襲相続権を有しない（なお、応急措置法下では、被相続人の兄弟姉妹の直系卑属は代襲相続権を有しなかった。）。

　(2)　相続に関する旧民法適用の原則
　応急措置法施行前に開始した相続に関しては、後記(3)の場合を除いて、旧民法を適用します（新法附則25条1項）。
　(3)　旧民法中における相続に関して新民法を適用する特例
　応急措置法施行前に家督相続が開始し、新法施行後に旧民法によれば家督相続人を選定しなければならない場合には、その相続に関しては、原則として、新法を適用します（新法附則25条2項）。
　なお、新法施行後に旧民法によれば家督相続人を選定しなければならない場合とは、①第1順位及び第2順位の家督相続人がない場合で、第3順位の選定家督相続人たり得る者（すなわち、家族たる配偶者、兄弟、姉妹、兄弟姉妹の直系卑属）があるとき、又は②第1順位及び第2順位の家督相続人がなく、第3順位の選定家督相続人たり得る者もなく、第4順位の家督相続人もない場合をいいます。
　(4)　遺産の分割
　応急措置法施行前に開始した遺産相続に関する遺産分割については、新法906条（遺産の分割の基準）及び新法907条（遺産の分割の協議又は審判等）の規定を準用します（新法附則32条）。

Q11 | 広義の再転相続における各相続人と各相続人の相続分の確定2（再転相続が3回の場合）

　　父Aが死亡し、その後妻B及び4人の子C、D、E、F（子C
とDは亡先妻との間の子）が父Aの相続（第1次相続）につい
て民法915条1項の熟慮期間が経過した（つまり単純承認した）
が、父Aの遺産の分割が未了の間に、更に子Cが妻T、子G、Hを
残して死亡しました。その後、父A及び子Cの遺産の分割が未了の
間に更に後妻B（子C、Dとの養子縁組はない。）が死亡しまし
たが、その遺産の分割も未了の間に、今度はF（独身で子がいな
い。）が死亡しました（下表の「本問の広義の再転相続の例」
参照）。

　　この場合、子D、E及びCの妻T、孫G、Hの5名の各相続分の
割合はどうなりますか。

　　本問は、当初のAの相続発生後に再転相続が3回発生した事案で
す。

　各相続人の相続分の割合の算出方法は、解説を参照してしてください。
ここでは、結論だけいいますと、①子Dの相続分は32分の7、②子Eの
相続分は16分の9、③亡Cの子GとHの相続分は各64分の5、④亡C
の妻Tの相続分は16分の1となります。

　これらの相続分を合計すると「1」（7/32+9/16+5/64×2+1/16＝
14/64+36/64+10/64+4/64＝1）となり、当初のAの相続人である
後妻B及び4人の子C、D、E、Fの相続分合計の「1」（後妻B 1/2＋
子1/8×4＝1）と同じになることが確認できます。

[本問の広義の再転相続の例]

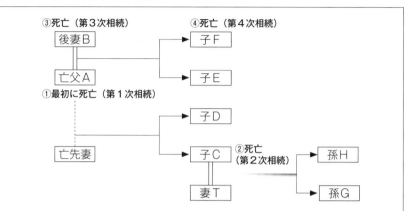

※この事案において、子E、D及びCの妻T、孫G、孫Hの各相続分の割合の算出方法

(1) 亡父Aの相続（第1次相続）につき、相続人は後妻Bと子の4名（C、D、E、F）で、その相続分は、後妻Bが2分の1、子4名（C、D、E、F）が各8分の1（1/2×1/4=1/8）。

(2) 次に亡子Cの相続（第2次相続）につき、子Cの父Aからの相続分8分の1を、妻Tが2分の1、孫GとHが4分の1ずつ相続するので、妻TのCからの相続分は16分の1（1/8×1/2=1/16）、孫GとHのCからの相続分は各32分の1（1/8×1/4=1/32）。

(3) 次いで、亡後妻Bの相続（第3次相続）につき、相続人は、子E、Fだけであり（子C、Dとの養子縁組はない。）、後妻BのAからの相続分2分の1を、EとFが2分の1ずつ相続するので、EとFの後妻Bからの相続分は各4分の1（1/2×1/2=1/4）。

(4) 最後に、亡Fの相続（第4次相続）につき、Fが独身で子がおらず、両親も死亡しているので、兄弟姉妹が相続することになるところ、Eは、亡Fと父母の双方を同じくする全血の兄弟姉妹であるが、亡CとDは、亡Fと父Aだけを同じくする半血の兄弟姉妹であり、半血兄弟姉妹（C、D）の相続分は、全血兄弟姉妹（E）の相続分の2分の1である（民法900条4号ただし書）。そして、相続分の計算上、亡Cを含む兄弟姉妹3名が相続したことにするので、Eと亡C・Dとの相続割合は、E2：C1：D1となり、亡Fの父Aからの相続分8分の1及び亡Fの母Bからの相続分4分の1の合計8分の3（1/8+1/4=3/8）を、Eが2分の1（2/(2+

1＋1）＝2/4＝1/2）、亡CとDが各4分の1ずつ相続することから、Eの
Fからの相続分は16分の3（3/8×1/2＝3/16）、亡CとDのFからの相
続分は各32分の3（3/8×1/4＝3/32）となる。また、亡Cの相続分32
分の3につき、その代襲相続人GとHで均等相続するので、GとHの代襲相
続分は各64分の3（3/32×1/2＝3/64）となる。

(5)　以上を合計すると、

①　子Dの相続分は、32分の7（1/8＋3/32＝7/32）

②　子Eの相続分は、16分の9（1/8＋1/4＋3/16＝9/16）

③　亡Cの子GとHの相続分は、各64分の5（1/32＋3/64＝5/64）

④　亡Cの妻Tの相続分は、16分の1となり、これらを合計すると
「1」（7/32＋9/16＋5/64×2＋1/16＝14/64＋36/64＋10/64＋
4/64＝1）となる。

解　説

1　本問における再転相続における各法定相続人の相続分の割合の算出手順について

本問は、当初のAの相続発生後に再転相続が3回発生した事案であり、その算出手順としては、再転相続が発生する都度、各被相続人ごとに再転相続人の相続分の割合を確定していく必要があります。

本問の算出手順は、以下のとおりです。

(1)　まず、当初の被相続人Aの相続（第1次相続）について、その相続人となるべき者（後妻B及び子4名）を確定するとともに、その相続分の割合を算出します。

(2)　次いで、その当初の相続人である子Cに発生した相続（第2次相続）について、その相続人（再転相続人。本問では亡Cの妻T及びその子2名（G、H））を確定するとともに、死亡した相続人（子C）がAから相続した相続分につき、その相続人（妻T及び子2名）の各相続分の割合を算出します。

(3)　次いで、当初の相続人である後妻Bに発生した相続（第3次相続）につ

いて、その相続人（再転相続人。子E、F（BはC、Dと養子縁組はしていない。））を確定するとともに、死亡した相続人（後妻B）がAから相続した相続分につき、その相続人（子E、F）の相続分の割合を算出します。

(4)　次いで、当初の相続人である子Fに発生した相続（第4次相続）について、Fは独身で子がおらず、両親も死亡しているので、兄弟姉妹（子Cの代襲相続人G・H、子D、子E）が相続することになるので、その相続人（G、H、D、E）の相続分の割合を算出します。

　　　この場合、亡Fと父母の双方を同じくする全血の兄弟姉妹（E）と父Aだけを同じくする半血の兄弟姉妹（C、D）の相続分の割合は、2：1であることに注意を要しますし（民法900条4号ただし書）、また、代襲相続人G、Hの相続分は、Cが受け取るべきであった相続分と同じです（民法901条2項。この相続分をGとHが均等相続する（同項の準用する民法901条1項・900条4号本文）。）。

(5)　そして、最後に遺産分割の対象相続人となる者の相続分の割合を合計すると、当初の被相続人（父A）の相続についての相続人（母Bと子3名）の相続分の割合の合計と同じ「1」となり、計算の正確性を確認することができます（梶村太市＝貴島慶四郎『遺産分割のための相続分算定方法』（青林書院、2015）156頁参照）。

2　本問における相続人の確定及びその相続人の相続分の割合の具体的な算出方法について

(1)　亡父Aの相続（第1次相続）につき、相続人は後妻B及び子の4名（C、D、E、F）で、その相続分は、後妻Bが2分の1、子4名（C、D、E、F）が各8分の1（$1/2 \times 1/4 = 1/8$）となります。

(2)　次いで、亡子Cの相続（第2次相続）につき、子Cの父Aからの相続分8分の1を、妻Tが2分の1、孫GとHが4分の1ずつ相続するので、妻TのCからの相続分は16分の1（$1/8 \times 1/2 = 1/16$）、孫GとHのCからの相続分は各32分の1（$1/8 \times 1/4 = 1/32$）となります。

(3)　次いで、亡後妻Bの相続（第3次相続）につき、相続人は、子E、Fだ

けであり（子C、Dとの養子縁組はない。）、後妻BのAからの相続分2分の1を、EとFが2分の1ずつ相続することになります。

　　その結果、EとFの後妻Bからの相続分は各4分の1（1/2×1/2＝1/4）となります。

(4)　最後に、亡Fの相続（第4次相続）につき、Fは独身で子がおらず、両親も死亡しているので、その兄弟姉妹が相続することになるところ、Eは、亡Fと父母の双方を同じくする全血の兄弟姉妹ですが、亡CとDは、父Aだけを同じくする半血の兄弟姉妹であり、半血兄弟姉妹の相続分は、全血兄弟姉妹の相続分の2分の1となります（民法900条4号ただし書）。

　　そして、相続分の計算上、亡Cを含む兄弟姉妹3名が相続したことにするので、Eと亡C・Dとの相続割合は、E2：C1：D1となり、亡Fの父Aからの相続分8分の1及び亡Fの母Bからの相続分4分の1の合計8分の3（1/8＋1/4＝3/8）を、Eが2分の1（2/(2＋1＋1)＝2/4＝1/2）、亡CとDが各4分の1（1/(2＋1＋1)＝1/4）ずつ相続することから、EのFからの相続分は16分の3（3/8×1/2＝3/16）、亡CとDのFからの相続分は各32分の3（3/8×1/4＝3/32）となります。

　　また、亡Cの相続分32分の3につき、その代襲相続人GとHで均等相続するので、GとHの代襲相続分は各64分の3（3/32×1/2＝3/64）となります。

(5)　以上を合計すると、

　①　子Dの相続分は、32分の7（1/8＋3/32＝7/32）

　②　子Eの相続分は、16分の9（1/8＋1/4＋3/16＝9/16）

　③　亡Cの子GとHの相続分は、各64分の5（1/32＋3/64＝5/64）

　④　亡Cの妻Tの相続分は、16分の1

となります。

　　そして、これを合計すると「1」（7/32＋9/16＋5/64×2＋1/16＝14/64＋36/64＋10/64＋4/64＝1）となり、当初のAの相続人である後妻B及び4人の子（C、D、E、F）の相続分合計の「1」（後妻B1/2＋子1/8×4＝1）と同じになって、その計算の正確性を確認することができます。

Q12 | 広義の再転相続における各相続人と各相続人の相続分の確定3（再転相続が4回の場合）

　父Aが死亡し、その後妻B及び5人の子C、D、E、F、G（子CとDは亡先妻との間の子）が父Aの相続（第1次相続）について民法915条1項の熟慮期間が経過した（つまり単純承認した）が、父Aの遺産の分割が未了の間に、更に後妻B（子C、Dとの養子縁組はない。）が子E、F、Gを残して死亡しました。

　その後、父A及び妻Bの遺産の分割が未了の間に更に先妻の子C（独身で子がいない。）が死亡しましたが、その遺産の分割も未了の間に、今度は後妻の子Eが妻Sと子Hを残して死亡しました。さらに、その遺産の分割も未了の間に、今度は後妻の子Gが妻T（子はいない。）を残して死亡しました（下表の「本問の広義の再転相続の例」参照）。

　この場合、子D、F、亡Eの妻S・子H及び亡Gの妻Tの5名の各相続分の割合はどうなりますか。

 　本問は、当初のAの相続発生後に再転相続が4回発生した事案です。

　各相続人の相続分の割合の算出方法は、解説を参照してください。ここでは、結論だけいいますと、①子Dの相続分は、3000分の463、②子Fの相続分は、1500分の473、③亡Eの妻Sの相続分は、43/300、④亡Eの代襲相続人子Hの相続分は、250分の43、⑤亡Gの妻Tの相続分は、200分の43となります。

　これらの相続分を合計すると「1」（463/3000＋473/1500＋43/300＋43/250＋43/200＝463/3000＋946/3000＋430/3000＋516/3000＋645/3000＝3000/3000＝1）となり、当初のAの相続人である後妻B及び5人の子C、D、E、Fの相続分合計の「1」（後妻B 1/2＋子1/10×5＝1）と同じになることが確認できます。

[本問の広義の再転相続の例]

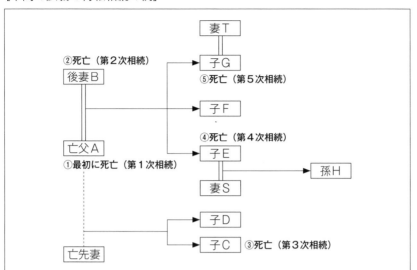

※この事案において、子D、F、亡Eの妻S・子（孫）H及び亡Gの妻T（計
　5名）の各相続分の割合の算出方法

⑴　亡父Aの相続（第1次相続）につき、相続人は後妻Bと子の5名（C、
　　D、E、F、G）で、その相続分は、後妻Bが2分の1、子5名（C、D、
　　E、F、G）が各10分の1（1/2×1/5＝1/10）。

⑵　次に、亡後妻Bの相続（第2次相続）につき、相続人は、子E、F、G
　　だけであり（子C、Dとの養子縁組はない。）、後妻BのAからの相続分2
　　分の1を、E、F、Gが3分の1ずつ相続するので、E、F及びGの後妻
　　BからのからBからの相続は各6分の1（1/2×1/3＝1/6）。

⑶　次いで、亡子Cの相続（第3次相続）につき、Cが独身で子がおらず、
　　両親も死亡しているので、兄弟姉妹で相続することになるところ、Dは、
　　Cと父母の双方を同じくする全血の兄弟姉妹であるが、E、F、Gは、C
　　と父Aだけを同じくする半血の兄弟姉妹であり、半血兄弟姉妹の相続分
　　（E、F、G）は、全血兄弟姉妹（D）の相続分の2分の1である（民法
　　900条4号ただし書）。そこで、DとE、F、Gの相続割合は、D2：E
　　1：F1：G1となり、亡Cの父Aからの相続分10分の1を、Dが5分
　　の2（2/(2+1+1+1)＝2/5）、E、F及びGが各5分の1ずつ相続す
　　ることから、DのCからの相続分は25分の1（1/10×2/5＝1/25）、
　　E、F及びGのCからの相続分は各50分の1（1/10×1/5＝1/50）と

なる。

(4)　次いで、亡子Eの相続（第4次相続）につき、Eの相続人は、その妻S
と子Hであるところ、Eの相続分は父A、後妻B及びCからの相続分の合
計43/150（1/10＋1/6＋1/50＝86/300＝43/150）であり、これを
妻Sと子Hが各2分の1ずつ相続するので、妻T及び子HのCからの相続
分は各300分の43（43/150×1/2＝43/300）

(5)　最後に、亡子Gの相続（第5次相続）につき、Gの相続人は妻Tと兄弟
姉妹のD・F、亡Eの代襲相続人Hである（亡兄弟姉妹のCには代襲相続
人がいない。）。そして、妻Tの相続分が4分の3、兄弟姉妹が4分の1で
あり、また、兄弟姉妹の相続分については、E及びFはGと父母の双方を
同じくする全血の兄弟姉妹であるが、Dは、Gと父Aだけを同じくする半
血の兄弟姉妹であり、半血兄弟姉妹（D）の相続分は、全血兄弟姉妹（E、
F）の相続分の2分の1である。そして、相続分の計算上、亡Eを含む兄
弟姉妹3名（D、E、F）が相続したことにするので、亡E、FとDとの
相続割合は、E2：F2：D1で、亡E及びFの相続割合が各5分の2
（2/(2＋2＋1)＝2/5）、Dの相続割合が5分の1（1/(2＋2＋1)＝1/5）
であることから、亡Gからの相続割合は、亡E及びFが各10分の1
（1/4×2/5＝1/10）、Dが20分の1（1/4×1/5＝1/20）となる。

　一方、亡Gの相続分は、父A、後妻B及びCからの相続分の合計
43/150（1/10＋1/6＋1/50＝86/300＝43/150）である。そこで、
①妻TのGからの相続分は200分の43（43/150×3/4＝43/200）と
なり、②亡E及びFのGからの相続分は各1500分の43（43/150×
1/10＝43/1500）、DのGからの相続分は3000分の43（43/150×
1/20＝43/3000）となる。また、亡Eの代襲相続人である子Hの相続
分は、Eの上記相続分と同じであるので、1500分の43となる。

(6)　以上を合計すると、

①　子Dの相続分は、3000分の463（1/10＋1/25＋43/3000＝
300/3000＋120/3000＋43/3000＝463/3000）

②　子Fの相続分は、1500分の473（1/10＋1/6＋1/50＋43/1500
＝150/1500＋250/1500＋30/1500＋43/1500＝473/1500）

③　亡Eの妻Sの相続分は、43/300

④　亡Eの代襲相続人子Hの相続分は、1500分の258（43/300＋
43/1500＝215/1500＋43/1500＝258/1500）

⑤　亡Gの妻Tの相続分は、200分の43

となり、これらを合計すると「1」（463/3000＋473/1500＋43/300
＋258/1500＋43/200＝463/3000＋946/3000＋430/3000＋
516/3000＋645/3000＝3000/3000＝1）となる。

解　説

1　本問における再転相続における各法定相続人の相続分の割合の算出手順について

　本問は、当初のAの相続発生後に再転相続が4回発生した事案であり、その算出手順としては、再転相続が発生する都度、各被相続人ごとに再転相続人の相続分の割合を確定していく必要があります。

　本問の算出手順は、以下のとおりです。

(1)　まず、当初の被相続人Aの相続（第1次相続）について、その相続人となるべき者（後妻B及び子5名）を確定するとともに、その相続分の割合を算出します。

(2)　次いで、当初の相続人である後妻Bに発生した相続（第2次相続）について、その相続人（再転相続人。本問では子E、F、Gの3名（BはC、Dと養子縁組はしていない。））を確定するとともに、亡後妻BがAから相続した相続分につき、その相続人（子E、F、G）の相続分の割合を算出します。

(3)　次いで、当初の相続人である子Cに発生した相続（第3次相続）について、Cは、独身で子がおらず、両親も死亡しているので、兄弟姉妹（D、E、F、G）が相続することになることから、亡Cが父Aから相続した相続分につき、その相続人（D、E、F、G）の相続分の割合を算出します。

　　この場合、亡Cと父母の双方を同じくする全血の兄弟姉妹（D）と父Aだけを同じくする半血の兄弟姉妹（E、F、G）の相続分の割合は、2：1であることに注意を要します（民法900条4号ただし書）。

(4)　次いで、当初の相続人である子Eに発生した相続（第4次相続）について、その相続人（再転相続人。本問では妻Sと子H）を確定するとともに、

亡Eが父A、後妻B及びCから相続した相続分につき、その相続人（妻
S及び子H）の相続分の割合を算出します。

(5)　次いで、当初の相続人である子Gに発生した相続（第5次相続）につ
いて、相続人（妻T及び兄弟姉妹D、亡Eの代襲相続人H、兄弟姉妹F）を確定し、
亡Gが父A、後妻B及びCから相続した相続分につき、その相続人（妻
T、兄弟姉妹D・F、亡Eの代襲相続人H）の相続分の割合を算出します。

(6)　そして、最後に遺産分割の対象相続人となる者の相続分の割合を合計
すると、当初の被相続人（父A）の相続についての相続人（後妻B及び子
5名）の相続分の割合の合計と同じ「1」となり、計算の正確性を確認
することができます（梶村太市＝貫島慶四郎『遺産分割のための相続分算定方
法』（青林書院、2015）156頁参照）。

2　本問における相続人の確定及びその相続人の相続分の割合の具体的な算出方法について

(1)　亡父Aの相続（第1次相続）につき、相続人は後妻B及び子の5名（C、
D、E、F、G）で、その相続分は、後妻Bが2分の1、子5名（C、D、
E、F、G）が均等で各10分の1（1/2×1/5=1/10）となります。

(2)　次いで、亡後妻Bの相続（第2次相続）につき、相続人は、子E、F、
Gだけであり（子C、Dとの養子縁組はない。）、後妻BのAからの相続分2
分の1を、子E、F、Gが均等に3分の1ずつ相続するので、子E、F
及びGの後妻Bからの相続分は各6分の1（1/2×1/3=1/6）となります。

(3)　次いで、亡子Cの相続（第3次相続）につき、Cが独身で子がおらず、
両親も死亡しているので、兄弟姉妹で相続することになるところ、Dは、
Cと父母の双方を同じくする全血の兄弟姉妹であるが、E、F、Gは、
Cと父Aだけを同じくする半血の兄弟姉妹であり、半血兄弟姉妹の相続
分（E、F、G）は、全血兄弟姉妹（D）の相続分の2分の1となります
（民法900条4号ただし書）。

そこで、DとE、F、Gの相続割合は、D2：E1：F1：G1とな
り、亡Cの父Aからの相続分10分の1を、Dが5分の2（2/(2+1+1+

1)＝2/5)、E、F及びGが各５分の１ずつ相続することから、DのCからの相続分は25分の１（1/10×2/5＝1/25）、E、F及びGのCからの相続分は各50分の１（1/10×1/5＝1/50）となります。

(4)　次いで、亡子Eの相続（第４次相続）につき、Eの相続人は、その妻Sと子Hであるところ、Eの相続分は父A、後妻B及びCからの相続分の合計43/150（1/10＋1/6＋1/50＝86/300＝43/150）であり、これを妻Sと子Hが各２分の１ずつ相続するので、妻T及び子HのCからの相続分は各300分の43（43/150×1/2＝43/300）となります。

(5)　最後に、亡子Gの相続（第５次相続）につき、Gの相続人は妻Tと兄弟姉妹のD・F、亡Eの代襲相続人Hです（亡兄弟姉妹のCには代襲相続人がいない。）。そして、妻Tの相続分が４分の３、兄弟姉妹が４分の１であり、また、兄弟姉妹の相続分については、E及びFはGと父母の双方を同じくする全血の兄弟姉妹ですが、Dは、Gと父Aだけを同じくする半血の兄弟姉妹であり、半血兄弟姉妹（D）の相続分は、全血兄弟姉妹（E、F）の相続分の２分の１です。そして、相続分の計算上、亡Eを含む兄弟姉妹３名（D、E、F）が相続したことにするので、亡E、FとDとの相続割合は、E２：F２：D１で、亡E及びFの相続割合が各５分の２（2/(2+2+1)＝2/5）、Dの相続割合が５分の１（1/(2+2+1)＝1/5）であることから、亡Gからの相続割合は、亡E及びFが各10分の１（1/4×2/5＝1/10）、Dが20分の１（1/4×1/5＝1/20）となります。

　　一方、亡Gの相続分は、父A、後妻B及びCからの相続分の合計43/150（1/10＋1/6＋1/50＝86/300＝43/150）です。そこで、①妻TのGからの相続分は200分の43（43/150×3/4＝43/200）となり、②亡E及びFのGからの相続分は各1500分の43（43/150×1/10＝43/1500）、DのGからの相続分は3000分の43（43/150×1/20＝43/3000）となります。また、亡Eの代襲相続人である子Hの相続分は、Eの上記相続分と同じであるので、1500分の43となります。

(6)　以上を合計すると、

①　子Dの相続分は、3000分の463（1/10＋1/25＋43/3000＝300/3000＋

$120/3000 + 43/3000 = 463/3000$）

②　子Ｆの相続分は、1500分の473（$1/10 + 1/6 + 1/50 + 43/1500 = 150/1500 + 250/1500 + 30/1500 + 43/1500 = 473/1500$）

③　亡Ｅの妻Ｓの相続分は、43/300

④　亡Ｅの代襲相続人子Ｈの相続分は、250分の43（$43/300 + 43/1500 = 215/1500 + 43/1500 = 258/1500 = 43/250$）

⑤　亡Ｇの妻Ｔの相続分は、200分の43

となります。

　そして、これらを合計すると「1」（$463/3000 + 473/1500 + 43/300 + 43/250 + 43/200 = 463/3000 + 946/3000 + 430/3000 + 516/3000 + 645/3000 = 3000/3000 = 1$）となり、当初のＡの相続人である後妻Ｂ及び5人の子（Ｃ、Ｄ、Ｅ、Ｆ、Ｇ）の相続分合計の「1」（後妻Ｂ$1/2$ ＋子$1/10×5 = 1$）と同じになって、その計算の正確性を確認することができます。

🔍 FOCUS 7 ｜ 相続登記等の申請の義務化（令和3年改正不動産登記法の改正の概要）

1　はじめに

　令和3年4月21日、不動産登記法や相続法等の改正を含む「民法等の一部を改正する法律」（令和3年法律第24号。公布日は同年4月28日）が国会で成立し、原則として、令和5年4月1日から施行されますが、改正不動産登記法のうち、相続登記の申請の義務化関係の改正は令和6年4月1日から施行されます。なお、同改正法のうち、住所変更登記の申請の義務化関係の改正は上記公布日から起算して5年以内の政令で定める日（施行日未定）から施行される予定です。

　同法律とともに、「相続等により取得した土地所有権の国庫への帰属に関する法律」（一般に「相続土地国庫帰属法」という。令和3年法律第25号。公布日は令和3年4月28日）も、同年4月21日に国会で成立し、令和5年4月27日から施行されます（なお、相続土地国庫帰属法の解説はFOCUS 10参照）。

2　相続登記等の申請の義務化の創設理由

　不動産登記法は、不動産についての権利変動を公示する「権利に関する登記」（同法2条4号）と、その制度の前提として、権利の客体である不動産の物理的状況を公示する「表示に関する登記」（同条3号）の制度を設けています。

　このうち、「表示に関する登記」は、不動産の物理的状況を登記記録上明らかにするためにされるものであるので、その制度の趣旨を徹底するため、一定の種類の表示に関する登記について、当事者に対して公法上の申請義務（登録免許税は非課税）を負わせていますが、「権利に関する登記」については、現行不動産登記法では、当事者に対して公法上の申請義務を負わせていません。

　そこで、「権利に関する登記」においては、相続等により、登記名義人と実際の所有者とが異なる事態が生じ、所有者不明土地が発生しています。平成29年の国土交通省の調査では、不動産登記簿のみでは所有者等の所在を確認することができない土地の割合は約22.2%であり、そのうち、①相続による所有権の移転の登記がされていないものの割合が約65.5%、②住所の変更の登記がされていないものの割合が約33.6%もあります。

その結果、登記名義人の相続人が不明のため、所有者の探索に時間と費用が掛かり用地買収等が妨げられるなどという指摘があり、また、登記名義人が死亡しているかどうかだけでも判明すれば、事業用地を円滑に選定することができるという指摘もありました。

そこで、所有者不明土地の発生を防止する観点から、今回の改正不動産登記法では、①相続登記等の申請を義務化し、②その申請義務違反に対して10万円以下の過料の罰則を設け、さらに、③相続人申告登記を創設しています。

また、上記のほか、本書では触れませんが、改正不動産登記法では、①所有権の登記名義人の氏名・名称及び住所の変更登記申請の義務化（当該申請義務違反に対して5万円以下の過料の罰則）、②登記所が他の公的機関（住民基本台帳ネットワーク等）から所有権の登記名義人の死亡情報や氏名・名称及び住所の変更情報を取得し、職権で登記に表示（符号で表示）する仕組みの創設、③所有不動産記録証明制度（特定の者が名義人となっている不動産の一覧証明書の交付制度）の創設等の措置を講じています。

これら相続登記等の申請の義務化等により、数次相続が起きることを防止できることも期待されます。

[相続登記等の申請の義務化等に関する条文内容の概要]

1　所有権の登記名義人が死亡した場合における相続人の相続登記等の申請の義務化（新設） →相続開始により所有権の取得を知った日から3年以内	改正不動産登記法76条の2
2　相続登記等の申請義務違反の効果（新設） →正当な理由がないのに当該申請を怠った場合、10万円以下の過料に処する。	改正不動産登記法164条1項
3　相続人申告登記の創設（新設。相続人の負担軽減策） →相続登記等の申請義務者が、登記官に対し、相続人である旨を申し出ることを前提として、登記官がその申出人の氏名・住所等を所有権の登記に付記できる制度（相続人の当該申出により、相続登記の申請義務を履行したものとみなされる。）。	改正不動産登記法76条の3

3　相続登記等の申請の義務化等

(1)　相続登記等の申請の義務化

改正不動産登記法 76 条の２第１項前段は、①相続（特定財産承継遺言によるものを含む。）による所有権の取得者は、自己のために相続の開始があったことを知り、かつ、当該所有権を取得したことを知った日から３年以内に、所有権移転登記の申請義務を負うことを規定し、同項後段は、②相続人に対する遺贈による所有権の取得者についても、同様に相続の開始により当該所有権を取得したことを知った日から３年以内に所有権移転登記の申請義務を負うことを規定しています。

また、同条２項は、前項前段の規定により法定相続分での相続登記（つまり、民法 900 条（法定相続分）及び 901 条（代襲相続人の相続分）により算定した相続分に応じてされた登記）がされた後に遺産の分割があり、これによって法定相続分を超えて所有権を取得した者は、当該遺産分割の日から３年以内に、所有権移転登記の申請義務を負うことを規定しています。したがって、同法 76 条の２第１項前段により相続人が法定相続分での登記をした場合において、その後の遺産分割により法定相続分を超えて所有権を取得した者は、当該遺産分割の日から３年以内に、所有権移転登記の申請義務を負うことになり、この点は注意を要します。

同条３項は、代位者（例えば、債権者代位における代位者）その他の者の申請又は嘱託により、当該各項の規定による登記がされた場合には、自ら申請をしていない者についても登記申請義務を免れることを規定しています。この場合は、相続人が登記申請を行っていなくとも、登記申請義務の目的を達することから、当該申請義務を免れさせることにしたものです。

なお、当該相続登記等の義務化の対象は、相続、特定財産承継遺言、遺贈のみであり、死因贈与や、生前にされた売買等に基づく所有権の移転の登記が未了であったケースなどは含まれません。

また、相続登記等の申請の義務化の対象となる財産は、土地及び建物です（不動産登記法２条１号）。

(2)　相続登記等の申請義務違反による過料の罰則

改正不動産登記法 76 条の２第１項・２項又は 76 条の３第４項（後記４の相続人である旨の申出者が、その後の遺産分割によって所有権を取得した場合の登記申請義務）の規定による登記申請義務者が正当な理由がないのにその申請義務に違反したときは、10 万円の過料に処せられます（同法 164

条1項)。

4　相続人申告登記制度の創設

(1)　相続人申告登記制度の創設趣旨（相続人の負担軽減策）

　相続登記等の申請を義務化した場合であっても、その義務が相続人によって自発的に履行されなければ申請を義務化した目的は達成されないままになります。そこで、登記申請義務の実効性を確保するための方策として、対象となる不動産の登記名義人に係る相続の発生や当該不動産の所有権を有する者の探索の手掛かりとなる連絡先を簡易に登記に反映させることができ、また、所有者不明土地問題の解決に資するという観点から、改正不動産登記法76条の3は、法定相続分での相続登記とは別に、新たに、登記官が相続人の申出を受けて職権で所有権の登記に付記する相続人申告登記の制度を創設し、その申出相続人は、前条の規定による相続登記申請義務を履行したものとみなすことにしました。

(2)　相続人申告登記制度の内容

　改正不動産登記法76条の3第1項は、前条1項の規定により所有権の移転の登記を申請する義務を負う者は、法務省令で定めるところにより、登記官に対し、「所有権の登記名義人について相続が開始した旨」及び「自らが当該所有権の登記名義人の相続人である旨」を申し出ることができることを定め、また、同法76条の3第2項は、前条1項の期間内に前項の規定による申出をした者は、同条1項に規定する所有権の取得（当該申出前にされた遺産分割によるものを除く。）に係る所有権移転登記の申請義務を履行したものとみなすことを規定しています。

　また、同法76条の3第3項は、登記官は、同条1項の申出があったときは、職権で、「その旨」（つまり、所有権の登記名義人について相続が開始した旨及び申出人自らが当該所有権の登記名義人の相続人である旨）並びに「当該申出をした者の氏名及び住所その他法務省令で定める事項」を所有権の登記に付記することができることを規定しています。

　この登記は、一般に「相続人申告登記」と呼ばれ、登記官の職権による付記登記で、報告的な登記として位置付けられるものです。

　同法76条の3第4項は、同条1項の申出をした者は、その後の遺産の分割によって所有権を取得したとき（前条1項前段の規定による登記がされた後に当該遺産の分割によって所有権を取得したときを除く。）は、当該遺産

の分割の日から３年以内に、所有権移転登記の申請義務があることを規定しています。

　すなわち、本項により、相続人申告登記の申出をした者は、その後の遺産分割によって所有権を取得したときは、当該遺産分割の日から３年以内に、所有権移転の登記申請をする必要があります。本項は、前条２項（法定相続分での相続登記後における遺産の分割）と同趣旨の規定です。

　同法76条の３第５項は、前項の規定は、代位者（例えば、債権者代位における代位者）その他の者の申請又は嘱託により、同項の規定による登記がされた場合には、適用しない（つまり、自ら申請をしていない者についても登記申請義務を免れる。）ことを定めます。すなわち、この規定は、前条３項と同趣旨のものです。

　同法76条の３第６項は、「同条１項の規定による申出の手続」及び「同条３項の規定による登記（相続人申告登記）に関し必要な事項」は、法務省令で定めることを規定しています。

(3)　相続登記等の申請の義務化と相続人申告登記制度との関係

　相続登記等の申請の義務化（同法76条の２）及び相続人申告登記制度（同法76条の３）との関係を表にすると、以下のようになります。

［相続登記等の申請の義務化と相続人申告登記制度との関係］

1　①相続（特定財産承継遺言によるものを含む。）による所有権取得者、②相続人に対する遺贈による所有権取得者 →相続の開始により所有権を取得したことを知った日から３年以内に、所有権移転登記の申請義務がある。	改正不動産登記法76条の２第１項
2　相続登記等の申請義務者が、登記官に対し、相続人である旨を申し出た場合 →上記１の相続登記の申請義務を履行したものとみなされる。	相続人申告登記制度。改正不動産登記法76条の３第２項
3　法定相続分での相続登記後に遺産の分割があり、これによって法定相続分を超えて所有権を取得した者 →当該遺産分割の日から３年以内に、所有権移転登記	改正不動産登記法76条の２第２

の申請義務がある。	項
・**上記２により相続人である旨の申出をした者が、その後の遺産の分割によって所有権を取得したとき** →当該遺産分割の日から３年以内に、所有権移転登記の申請義務がある。	改正不動産登記法 76条の３第４項

5　参考事項

　改正不動産登記法 76 条の２（相続登記等の申請の義務化）、76 条の３（相続人申告登記制度）及び 164 条１項（相続登記等の申請義務違反による過料罰則）の規定は、令和６年４月１日から施行されます。

Q13 再転相続に類似する相続形態（祖父Aよりも父Bが先に死亡した場合の相続形態）

> 　子Cは、父Bが死亡した際、父には多額の負債があったので、子Cは父Bの相続を放棄しました。その後、子Cの祖父Aが死亡しましたが、子Cは祖父の相続について代襲相続することができますか。

A 　子Cによる父Bの相続の放棄は、父Bの相続に関して相対的な効力を有するにすぎないので、祖父Aの相続に関して、父Bを被代襲者として相続人になることができると解されます（山形地判平成17年3月15日公刊物未登載参照）。

[本件事案の関係図]

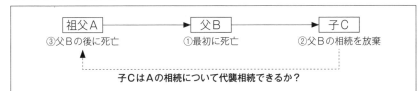

※上記山形地裁平成17年3月15日判決は、同種の事案において、子Cによる父Bの相続の放棄は、父Bの相続に関して相対的な効力を有するにすぎないので、祖父Aの相続に関して、父Bを被代襲者として相続人になることができる旨判示。

解　説

1　代襲相続と狭義の再転相続の違い

　本問は、上記山形地裁平成17年3月15日判決（公刊物未登載。以下「本件山形地裁判決」という。）の事案を参考としたものです。

　本問は、代襲相続の可否の問題です。すなわち、子Cは、まず先に死亡した父Bの相続について放棄をしたが、その後、祖父Aが死亡したことから、

子Ｃがその祖父Ａの相続（積極財産有り）について代襲相続することができるかという問題です。

　したがって、問題となる相続は、祖父Ａの相続のみであり、子Ｃが亡父Ｂを代襲して相続できるか否かです。

　これに対し、狭義の再転相続は、一般に、まず祖父Ａが死亡し、その相続（第１次相続）が開始したものの、祖父Ａの相続人である父Ｂが相続の承認・放棄の選択権を行使しない間に死亡し、その父Ｂの相続（第２次相続）も開始し、その子Ｃ（再転相続人）が相続人となった場合に、子Ｃが父Ｂの相続についての承認・放棄とは無関係に、祖父Ａの相続について承認放棄できるかが問題となります。したがって、再転相続では、連続する複数人の被相続人ごとに、それぞれ法定相続人を特定する必要があります。

[狭義の再転相続の例]

　なお、再転相続では、上記の例で、子Ｃは、最初に父Ｂの相続について放棄すると、もはや父Ｂの地位（権利義務）を何ら承継しなくなるので、子Ｃは、祖父Ａの相続（第１次相続）についての承認・放棄の選択権を失い、祖父Ａの相続につき承認・放棄をすることはできないというのが最高裁判例です（最判昭和63年6月21日家月41巻9号101頁）。

　しかし、本問の事案では、子Ｃが父Ｂの相続について放棄した時点では、いまだ祖父Ａは存命であったわけですから、祖父Ａの相続について考慮して父Ｂの相続について承認・放棄できる余地はなかったといえます。この観点から、その後死亡した祖父Ａの相続について、子Ｃの代襲相続権を認めなければ、子Ｃの保護に著しく欠けることになると考えられます。

　本件山形地裁判決も子Ｃの代襲相続権を認めていますが、次項において同

判決の要旨を紹介します。

2　本件山形地裁判決の要旨（子Cの代襲相続権を認める）

　本件山形地裁判決の要旨は、以下のとおりです。

(1)　民法887条2項は、代襲相続について、「被相続人の子が、相続の開始以前に死亡したとき、又は第891条の規定（相続欠格事由）に該当し、若しくは廃除によって、その相続権を失ったときは、その者の子がこれを代襲して相続人となる。ただし、被相続人の直系卑属でない者は、この限りでない。」と規定している（なお、同条3項は、この規定を、代襲者が、相続の開始以前に死亡し、又は第891条の規定に該当し、若しくは廃除によって、その代襲相続権を失った場合に準用し、さらに同法889条2項は、兄弟姉妹が相続人となる場合に、同法887条2項の規定を準用している。）。

　　民法には、親の相続を放棄した子が、放棄された親を代襲できることを否定する規定が存在しないが、これを認める明文の規定もない。

　　しかし、民法939条は、相続放棄の効力について、「相続の放棄をした者は、その相続に関しては、初めから相続人とならなかったものとみなす。」と規定しているのであり、これによれば、相続放棄は、当該被相続人の相続に関して相対的な効力を有するにすぎないから、親を相続放棄した子であっても、別の相続に関しては、親を代襲して相続人となることができると解するのは、その当然の解釈であるということもできる。

(2)　最高裁昭和63年6月21日判決（家月41巻9号101頁）は、甲が死亡して、その相続人である乙が甲の相続につき承認又は放棄をしないままその熟慮期間内に死亡し、丙が乙の法定相続人となったいわゆる再転相続の場合において、「丙が乙の相続を放棄して、もはや乙の権利義務を何ら承継しなくなった場合には、丙は、右の放棄によって乙が有していた甲の相続についての承認又は放棄の選択権を失うことになるのであるから、もはや甲の相続につき承認又は放棄をすることはできない」旨を傍論として記しているのであるが、再転相続の場合は、代襲相続と異なる

ので、本件のような代襲相続の場合において、親（B）の相続を放棄した子（C）が親を代襲して被相続人（A）を相続できると解することの妨げになるものではないといえる。

(3)　相続の欠格や廃除の場合と比較してみても、子（C）が被代襲者である親（B）に対する関係で欠格事由があるときでも、子（C）の直系尊属である被相続人（A）に対して欠格事由を持たないときは、子（C）は原則として親（B）を代襲して被相続人（A）を相続することができ、また、子（A）が被代襲者である親（B）から廃除されたときでも、子（C）は親（B）を代襲して子の直系尊属である被相続人（A）を相続できると解釈されているが、その理由は欠格（原則として）や廃除の効果が相対的であることにある。

　これによれば、子（C）は、被代襲者である親（B）の相続を放棄した場合であっても、「被代襲者の子」で、「被相続人の直系卑属」で、かつ「被相続人の相続開始時に存在する」との三つの要件を満たせば、相続放棄された親（B）を代襲して祖父（A）の相続人となると解すべきである。

(4)　以上のとおり、子（C）が親（B）の相続を放棄した場合であっても、親（B）を代襲して祖父（A）を相続できる。

3　本問の回答等

　本件山形地裁判決は、常識的な判断であり、十分首肯できると考えられます。

　したがって、子Cによる父Bの相続放棄は、父Bの相続に関して相対的な効力を有するにすぎないので、祖父Aの相続に関して、父Bを被代襲者として相続人になることができると解されます。

数次相続
（登記実務、相続税実務における取扱い）

第 **3** 章

Q14 │ 数次相続1：通則

　20年前に死亡した祖父Aの遺産として土地・建物（以下「不動産」という。）がありますが、今度は、祖父Aの唯一の相続人である父Bが死亡しました。この不動産の所有権登記名義は祖父Aのままになっていますが、父Bの相続人である子C及びDは、祖父Aから直接子C及びDに相続による所有権移転の登記をすることができますか。

A できます。
　　第1次相続及び中間の相続が単独相続である場合には、登記原因及びその日付を連記して、登記記録上の所有名義人（祖父A）から最終の相続人名義（子C・D名義）に直接相続による所有権移転の登記申請をすることができます。
　なお、中間の相続（第1次相続を含む。）が単独相続である場合の中には、「本来の単独相続」のほか、「遺産分割、相続放棄又は他の相続人に相続分がないことによる単独相続」を含みます。
　また、最終の相続については共同相続でも差し支えありません。

［本問の数次相続の関係図］

※子C・Dは、中間の相続（第1次相続＝父Bの相続）が単独相続であるので、祖父Aから直接子C及びDに相続による所有権移転の登記をすることができる。なお、最終の相続については共同相続でも差し支えない。

解　説

1　数次相続と相続による所有権移転登記の原則

　不動産所有権の登記名義人（本問では祖父A）の死亡により相続が開始したものの、その相続による所有権移転の登記が未了の間にその相続人（本問では父B）が死亡し、第2次、第3次等の相続が順次開始した場合を、登記実務上「数次相続」と呼んでいます（幸良秋夫『設問解説相続法と登記〔新訂〕』（日本加除出版、2018）481頁以下参照）。

　不動産登記法上、登記の申請は、個々の登記原因に応じ、各別の申請書をもって行うのが原則です（不動産登記令4条参照）。これは、不動産の権利関係の変動過程を忠実に示すという不動産登記法の理念に基づくものです。

　数次相続の場合においても、原則として、まず第1次の相続による登記をし、次いで、第2次、第3次の各相続による登記を順次行うことになります。例えば、本問でいえば、登記名義人である祖父Aの死亡により、父Bが単独相続したが、その相続登記未了の間に、更に父Bが死亡し、その子C及びDが共同相続した場合には、まず、祖父Aの死亡による父Bのための相続登記をし、次いで、父Bから子C及びDへの相続による所有権移転登記をすることになります。

2　所有権の登記名義人（祖父A）から直接最終の相続人への相続登記が可能な場合（中間の相続が単独相続の場合は可）

　しかし、中間の相続登記を省略して、直接、所有権の登記名義人（祖父A）から最終の相続人（子C・D）のために相続による所有権移転登記を認めても、公示上の混乱を来すおそれがあるとはいえない場合には、登記事務の簡素化という観点から、一定の要件の下に、中間の相続登記を省略する取扱いが認められています。

　つまり、登記実務上、従前の家督相続による登記の取扱い（明治32年3月7日民刑局長回答）を受けて、中間の相続（第1次相続を含む。）が単独相続（遺産分割、相続放棄又は他の相続人に相続分のないことによる単独相続を含む。）である場合に限り、登記原因及びその日付を連記した上で、第1次被相続人である登記名義人から最終の相続人名義に直接相続登記を申請することができるものとされています（昭和30年12月16日民事甲第2670号民事局長通達）。

　なお、最終の相続は、共同相続でも差し支えありません。また、この場合、登記手続は、最終の相続の相続人が複数の場合でも、通常の相続登記の場合同様、当該相続人全員で又は当該相続人のうちの1人が保存行為として、上記相続登記ができます。

[数次相続の不動産登記記録の記載例（中間の相続が単独相続のため、いわゆる中間省略の登記により一括申請された場合の例）]

権利部（甲区）		（所有権に関する事項）	
順位番号	登記の目的	受付年月日・受付番号	権利者その他の事項
何	所有権移転	平成○年○月○日 第○号	原因　昭和○年○月○日B相続 　　　平成○年○月○日相続 共有者 　○市○町○丁目○番地 　持分2分の1 　C 　○市○町○丁目○番地 　持分2分の1 　D

3　最近の登記先例の紹介

　最近の登記先例では、以下のとおり、遺産分割協議書等に若干の不備があっても、所有権の登記名義人から最終の相続人への直接の相続登記を認めています。

(1)　平成29年3月30日民二237号民事局民事第二課長通知（民月72巻10号251頁）

　第1次相続の相続人による遺産分割が未了のまま第2次相続及び第3次相続が発生し、その遺産分割協議が第1次相続及び第2次相続の各相続人の地位を承継した者並びに第3次相続の相続人によって行われた場合、<u>遺産分割協議書に不動産を第3次相続の相続人の1人が単独で相続した旨の最終的な遺産分割協議の結果のみが記載されているときであっても、「年月日B（第1次相続の相続人）相続、年月日C（第2次相続の相続人）相続、年月日相続」を登記原因として、第1次相続の被相続人である登記名義人から第3次相続の相続人への直接の所有権移転の登記の申請があったときは、当該申請に係る登記をすることができる</u>としています。

　すなわち、本来、中間の相続登記を省略する場合においても、遺産分割協議書において中間の相続人が誰であるか特定すべきところ、上記登記先例では、遺産分割協議書において、最終の相続人が記載されていれば、中間の相続人（単独相続）の記載が抜けていても、登記申請書に中間の相続人（上記登記先例では、「B（第1次相続の相続人）」「C（第2次相続の相続人）」）が全て記載されていれば、第1次相続の被相続人（A）の死亡により、Bが単独相続したものを、Cが単独相続し、更に最終の相続人（例えば、D・E）の1人（D）が単独相続したものと解することができるので、当該登記申請書を受理できるものとしたと解されます。

　なお、上記登記先例の事案において、本来あるべき遺産分割協議書の記載例等は、次のとおりです。

[本件登記先例の事案の関係図]

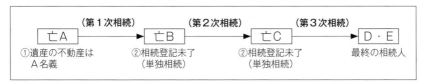

[本件登記先例の事案において本来あるべき遺産分割協議書の記載例]

遺産分割協議書

最後の本籍　（省略）
最後の住所　（省略）
　　　　　　　　被相続人　A（昭和○年○月○日死亡）

最後の本籍　（省略）
最後の住所　（省略）
　　　　　　　　相続人兼被相続人　B（平成○年○月○日死亡）

最後の本籍　（省略）
最後の住所　（省略）
　　　　　　　　相続人兼被相続人　C（平成○年○月○日死亡）

本　　　籍　（省略）
住　　　所　（省略）
　　　　　　　　相続人　D（平成○年○月○日生）

本　　　籍　（省略）
住　　　所　（省略）
　　　　　　　　相続人　E（平成○年○月○日生）

　上記共同相続人間において、遺産分割を協議した結果、下記のとおり決定した。

記

　次の遺産は、平成10年3月1日Bが単独相続したものを、平成15年2月1日Cが単独相続し、更に平成25年5月10日D（最終の相続人）が単独相続する。

相続財産の表示
　　所　在　　○市○町○丁目
　　地　番　　○番○
　　地　目　　宅　地

地　積　　○○.○○ ㎡

本協議による決定を証するため、本協議書を作成し、それぞれ署名・押印する。

平成○年○月○日

相続人　　D　　㊞
相続人　　E　　㊞

⑵　平成 30 年 3 月 16 日民二 137 号民事局民事第二課長通知（民月 73 巻 8 号 121 頁）

甲不動産の所有権登記名義人Aが死亡し、その相続人B、C及びDによる遺産分割協議が未了のままDが死亡してその相続人がE及びFであった場合、B及びCがE及びFに対してそれぞれ相続分を譲渡し、E・F間にEが甲不動産を単独で取得する旨の遺産分割協議が成立したときは、「平成何年何月何日（A死亡の日）D相続、平成何年何月何日（D死亡の日）相続」を登記原因として、直接AからEへの所有権移転の登記をすることができるとしています。

［上記登記先例の関係図］

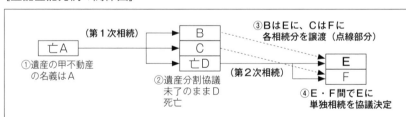

※この場合、「平成何年何月何日（A死亡の日）D相続、平成何年何月何日（D死亡の日）相続」を登記原因として、直接AからEへの所有権移転の登記ができる。

4　中間の相続が共同相続である場合

⑴　この場合は、原則どおり、中間の相続（第1次相続）について共同相続

の相続登記をした上で、第2次相続の被相続人の共有持分について、更に相続登記をすることになります。

　例えば、Aの死亡により、B及びCが共同相続人となったが、Aの遺産である甲不動産につき、その相続登記をしない間に、B及びCが相次いで死亡したため、DとEがBの相続人となり、FがCの相続人となった場合、D及びEが当該不動産の持分を取得したのはBの死亡による相続が原因であり、Fが持分を取得したのはCの死亡による相続が原因であって、それぞれ持分取得の原因を異にします。この場合、まず、①亡B及び亡C名義の相続登記を申請し、次いで、②亡BからD及びEへの相続登記と亡CからFへの相続登記を申請することになります（合計3件の相続登記申請となる。）。

(2)　ただし、Aの死亡による第1次相続について、①Cが超過特別受益者であるとき、又は②Cが生前に相続放棄をしていたときは、Aの遺産は、その全部をBが単独で相続することになるので、その場合には、Aから直接D及びE名義に相続登記をすることができます。また同様に、③Aの遺産につき、Bの地位を承継したD及びEと、Cの地位を承継したFとの間で、上記甲の不動産をBが取得する旨の遺産分割協議が成立した場合も、Aから直接D及びE名義に相続登記をすることができます（昭和30年12月16日民甲2670号民事局長通達参照、前掲『設問解説相続法と登記〔新訂〕』482頁参照）。

［上記事案の関係図］

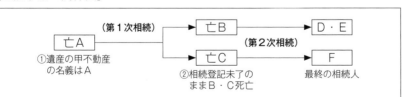

※(1)　原則は、まず、①亡B及び亡C名義の相続登記を申請し、次いで、②亡BからD及びEへの相続登記と亡CからFへの相続登記を申請することになる（合計3件の相続登記）。

(2) ただし、第1次相続（Aの相続）につき、①Cが超過特別受益者であるとき、②Cが生前、相続放棄をしたとき、又は③D・E・F間において、Aの遺産である甲不動産についてBが取得する旨の遺産分割協議が成立したときは、Aから直接D及びE名義に相続登記ができる。

［上記4(2)において超過特別受益者Cが死亡している場合における「相続分がないことの証明書」の記載例］

相続分がないことの証明書

　　　最後の本籍　（省略）
　　　最後の住所　（省略）
　　　　　　　　　被相続人（平成31年3月1日死亡）　　　A

　　　最後の本籍　（省略）
　　　最後の住所　（省略）
　　　　　　　　　相続人（令和3年5月2日死亡）　　　C

　　上記相続人Cは、被相続人Aから既に相続分以上の贈与を受けているので、被相続人の死亡により開始した相続については、受けるべき相続分が存在しないことを証明します。

　　　令和4年○月○日

　　　　　　　　　　　　　　　　上記C相続人
　　　　　　　　　　　　　　　　　本籍　　　（省略）
　　　　　　　　　　　　　　　　　住所　　　（省略）
　　　　　　　　　　　　　　　　　F　　　　㊞

［上記4(2)においてCが生前に相続放棄していた場合における「相続放棄申述受理証明書」ひな形］

相続放棄申述受理証明書

　　　事 件 番 号　令和元年（家）第○○○○号

　　　申 述 人 氏 名　　　C

　　　被相続人氏名　　　A

　　　本　　　　籍　東京都○区○町○丁目○番○号

申述を受理した日　令和元年〇月〇日

　上記のとおり証明する。

　令和4年〇月〇日

　　　　　　　　　　　　　　〇〇家庭裁判所家事訟廷記録係
　　　　　　　　　　　　　　裁判所書記官　法務太郎　㊞

[上記4(2)における遺産分割協議書の記載例（中間の相続が単独相続）]

遺産分割協議書

（各被相続人及び相続人の（最後の）本籍、（最後の）住所、氏名等は省略）

　上記共同相続人間において、遺産分割を協議した結果、下記のとおり決定した。

記

　次の遺産は、平成31年3月1日Bが単独相続したものを、令和3年8月1日D及びEが持分2分の1ずつ相続する。

　相続財産の表示
　所　在　〇区〇町〇丁目
　地　番　〇番〇
　地　目　宅　地
　地　積　〇〇.〇〇m²

　本協議による決定を証するため、本協議書を作成し、それぞれ署名・押印する。

　令和4年〇月〇日

　　　　　　　　　　　　　　相続人　　D　　㊞
　　　　　　　　　　　　　　相続人　　E　　㊞
　　　　　　　　　　　　　　相続人　　F　　㊞

5　数次相続と代襲相続の違い

　数次相続は、上記のとおり、連続する複数の被相続人ごとに、それぞれ法定相続人を特定する必要があります。

　これに対し、代襲相続は、①相続の開始以前に相続人となるべき子・兄弟姉妹が死亡し、又は②相続人に欠格事由があり、若しくは相続人が廃除され

たため相続権を失った場合に、その者の直系卑属（代襲者）がその者に代わって相続分を相続することをいい（民法887条2項・3項、889条2項）、一人の被相続人について、その法定相続人を特定することになります。

Q15 数次相続2：数次相続による一括の登記申請書の記載例（いわゆる中間省略の登記の基本形）

　　死亡した祖父Aの遺産として土地・建物（所有権登記名義は祖父A。以下「本件不動産」という。）がありますが、今度は、祖父Aの唯一の相続人である父Bが、本件不動産の相続登記未了のまま死亡しました。父Bの相続人である子C及びDが、祖父Aから直接子C及びDに相続による所有権移転の登記をする場合の登記申請書の記載方法を説明してください。

　　なお、子C及びDは、法定相続により、本件不動産を持分2分の1ずつ取得したとします。

[本問の数次相続の関係図]

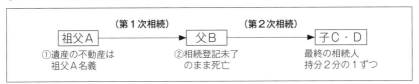

　　このケースは、数次相続において、当初から中間の相続（第1次相続）が単独相続であるため、いわゆる中間省略の登記により所有権の登記名義人から、直接最終の相続人に相続による所有権移転の登記手続ができます。

　　本件申請書の記載例は、法務局のホームページ「不動産登記の申請書様式について」（https://houmukyoku.moj.go.jp/homu/minji79.html）に掲載されている数次相続の登記申請書様式を参考にして記載することとします。その記載例については、解説を参照してください。

　　なお、登記申請書記載の便宜上、下表のような氏名とします。

1	祖父A	甲野太郎
2	父B	甲野春男
3	子C	甲野一郎
4	子D	甲野次郎

解　説

1　数次相続において登記名義人から直接最終の相続人名義に相続登記をする場合の登記申請書の記載例

登　記　申　請　書

登 記 の 目 的　　所有権移転

原　　　　因　　平成10年5月6日甲野春男相続^(注1)
　　　　　　　　令和4年3月20日相続

相　続　人　　（被相続人　甲　野　太　郎）^(注2)
　　　　　　　　東京都○区○町○丁目○番○号
　　　　　　　　（住民票コード 00000000000）
　　　　　　　　持分2分の1　　甲　野　一　郎^(注3)
　　　　　　　　東京都○区○町○丁目○番○号
　　　　　　　　（住民票コード 00000000000）
　　　　　　　　持分2分の1　　甲　野　次　郎^(注3)

添 付 情 報
　　登記原因証明情報^(注4)　　　住所証明情報^(注5)　　　代理権限証書^(注6)
　　☐ 登記識別情報の通知を希望しません。^(注7)

送付の方法により登記識別情報の通知書の交付を希望する^(注8)
送付先　　　○○の住所又は事務所あて^(注9)
その他の事項
　　添付書面の原本の還付は、送付の方法によることを希望^(注10)
　　送付先　　　○○の住所又は事務所あて^(注11)

令和4年7月1日申請^(注12)
東京法務局○○支局（出張所）^(注13)

代　理　人　　東京都○区○町○丁目○番○号
　　　　　　　　乙野　三郎　　　㊞^(注14)
　　　　　　　　連絡先の電話番号 03-○○○○-○○○○^(注15)

課　税　価　格　　金2,000万円^(注16)

登　録　免　許　税　　金8万円^(注17)

不動産の表示^(注18)

　　不動産番号　　1234567890123^(注19)
　　所　　　在　　○区○町○丁目
　　地　　　番　　○番○
　　地　　　目　　宅　地
　　地　　　積　　123.45平方メートル

　　不動産番号　　0987654321012
　　所　　　在　　○区○町○丁目○番地
　　家　屋　番　号　　○番○
　　種　　　類　　居　宅
　　構　　　造　　木造かわらぶき2階建
　　床　面　積　　1階　51.00平方メートル
　　　　　　　　　　2階　22.12平方メートル

(注1) 登記原因及びその日付として、第1の被相続人（甲野太郎）の死亡の日（戸籍に記載されている日）及び相続人の氏名（甲野春男）並びに「相続」の旨を記載します。次に第2の被相続人（甲野春男）の死亡の日（戸籍に記載されている日）及び「相続」の旨を記載します。

　すなわち、この場合、登記原因及びその日付を連記することになります。

(注2) 括弧書きで被相続人の氏名を記載します。被相続人の氏名は、登記記録及び登記原因証明情報（注4）と合致していることを要します。この記載が合致しない場合には、同一性を証する書面を添付してください。

(注3) 相続人の氏名及び住所を記載し、相続人が2人以上の場合には各相続人が取得する持分を記載します。この記載は、登記原因証明情報（注4）及び住所証明情報（注5）と合致していることを要します。なお、住民票コードを申請情報として記載した場合、添付情報として住所証明情報（住民票の写し）の提出を省略することができます。

(注4) 登記原因証明情報として、被相続人の出生から死亡までの経過の記載が分かる戸籍全部事項証明書（戸籍謄本）、除籍全部事項証明書（除籍謄本）等を添付します。また、相続人全員の戸籍全部（一部）事項証明書（戸籍謄抄本）も添付してください（被相続人が死亡した日以後の証明日のものが必要です。）。被相続人の戸籍全部事項証明書（戸籍謄本）等と重複するものがある場合には、重ねて提出する必要はありません。

　「相続関係説明図」を提出した場合には、戸籍全部事項証明書（戸籍謄本）等の原本の返却を受けることができます（後記2参照）。

　また、法定相続情報証明制度を利用している場合は、法定相続情報一覧図の写しを提出することで、被相続人が死亡した事実が分かる被相続人の戸籍全部事項証明書（戸籍謄本）又は除籍全部事項証明書（除籍謄本）並びに相続人であることが分かる相続人の戸籍全部（個人）事項証明書（戸籍謄抄本）の添付に代えることができます。

　　また、被相続人の最後の氏名及び住所が登記記録上の氏名及び住所と異なる場合や被相続人の本籍が登記記録上の住所と異なる場合には、被相続人が登記記録上の登記名義人であることが分かる被相続人の本籍の記載のある住民票の除票又は戸籍の表示の記載のある戸籍の附票の写し等が必要となります。

（注5）申請に係る不動産を相続することになった相続人全員の住民票の写しを添付します。住民票コードを記載した場合（注3）は、提出する必要はありません。

　　また、登記原因証明情報として法定相続情報一覧図の写しを提出する場合において、当該一覧図の写しに相続人の現在の住所が記載されている場合には、住所証明書の添付に代えることができます。

（注6）代理人によって登記を申請する場合は、その代理権限を証する書面（委任状等）を添付します。

（注7）登記識別情報の通知を希望しない場合には、□にチェックをします。

（注8）登記識別情報の通知書の交付を送付の方法により希望する場合には、その旨を記載する必要があります。送付の方法は、①申請人又は代理人が自然人でその住所あてに送付を希望するとき、②申請人又は代理人が法人で当該法人の代表者の個人の住所あてに送付を希望するときは本人限定受取郵便で、③申請人又は代理人が法人で当該法人の住所あてに送付を希望するとき、又は④代理人が自然人で、その事務所あてに送付を希望するときは書留郵便等の方法によることとされ、その送付に要する費用を郵便切手等で提出する必要があります。

（注9）登記識別情報の送付先の別（注8）を記載します。なお、代理人が登記識別情報の通知書を受領する場合には、特別の委任を受ける必要があります。

（注10）添付書面の原本の還付及び登記完了証の交付は、送付の方法により行うことが可能で、希望する場合はその旨を記載します。送付の方法は、書留郵便によることとされ、その費用は申請者の負担となります。

（注11）原本及び登記完了証の送付先として、申請人又は代理人の住所又は事務所を記載します。

（注12）登記を申請する日を記載します。

（注13）登記を申請する不動産を管轄する登記所の表示として、法務局若しくは地方法務局若しくはこれらの支局又はこれらの出張所を記載します。

（注14）代理人によって登記を申請するときは、その代理人の氏名又は名称及び住所並びに代理人が法人の場合は代表者の氏名を記載し、押印します。

（注15）申請書の記載事項等に補正すべき点がある場合に、登記所の担当者から連絡するための連絡先の電話番号（平日の日中に連絡を受けることができるもの。携帯電話の電話番号でも差し支えない。）を記載します。

（注16）登録免許税の課税標準の金額を記載します。この金額は、当該登記のときにおける不動産の価額によるものとされていますが、この価額は当分の間、固定資産課税台帳に登録された価格に100分の100を乗じて計算した価額とされています。また、この金額に1,000円未満の端数があるときはその端数は切り捨て、その全額が1,000円に満た

ないときはこれを 1,000 円とすることとされています。

　なお、固定資産課税台帳に登録されていない不動産については、当該不動産に類似し、かつ、固定資産課税台帳に価格が記載された不動産の金額を基礎として登記官が認定することになります。

(注 17)　登録免許税額を記載します。この金額は、(注 16)に記載した課税価格の 1000 分の 4 とされています。この金額に 100 円未満の端数があるときは、その端数を切り捨てて、その金額が 1,000 円未満のときは、1,000 円とすることとされています。

　本件事例では、課税価格の合計が 2,000 万円ですので、登録免許税は 8 万円 (2,000 万円×4/1000 ＝ 8 万円) となります。

(注 18)　不動産の表示として、土地にあってはその所在、地番、地目、地積を記載し、建物にあっては、その所在、家屋番号、種類、構造及び床面積を記載します。この記載は、登記記録の土地又は建物の表示と符合していることを要します。

(注 19)　不動産を識別するための番号を記載した場合、(注 18)の記載を省略することができます。

　なお、申請書が複数枚にわたる場合は、申請人又はその代表者若しくは代理人は、各用紙のつづり目に必ず契印をします (申請人が 2 人以上いる場合は、そのうちの 1 人が契印することで差し支えありません。)。

2　被相続人甲野太郎の相続関係説明図の記載例

　被相続人甲野太郎(遺産である不動産の登記名義人)から最終の相続人である甲野一郎及び甲野次郎までの相続関係について、下表のような相続関係説明図を提出すると、登記申請書に添付した登記原因証明情報として提出された戸籍全部(個人)事項証明書(戸籍謄抄本)、除籍全部事項証明書(除籍謄本)を返還してもらうことができます(原本還付の手続)。

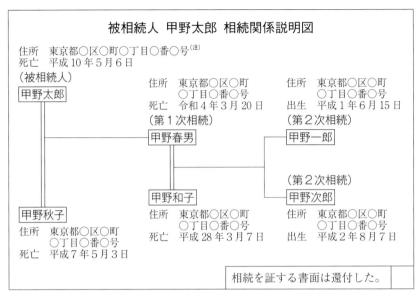

（注）登記記録上の被相続人の住所が、被相続人の最後の住所と一致しない場合には、その間の住所の移転の経緯が分かる被相続人の本籍の記載のある住民票除票又は戸籍の附票等が必要となります。

3　委任状の記載例

　登記申請手続を第三者（司法書士、弁護士等）に委任するときは、下記のような委任状が必要となります。

```
                    委　任　状

                        東京都○区○町○丁目○番○号
                            乙　野　三　郎

    私たちは、上記の者を代理人と定め、下記登記申請に関する一切の権限を
  委任します。

                        記

  1．物件の表示　後記のとおり
  2．登記の目的　所有権移転の登記
  3．登記原因及びその日付　平成10年5月6日甲野春男相続
```

　　　　　　　　　　　　令和４年３月 20 日相続
１．相続人（被相続人甲野太郎）
　　　　　東京都○区○町○丁目○番○号
　　　　　　持分２分の１　甲野一郎
　　　　　東京都○区○町○丁目○番○号
　　　　　　持分２分の１　甲野次郎
５．登記識別情報の通知書の受領に関する件

令和４年７月１日
　　　　　　　　　　　東京都○区○町○丁目○番○号
　　　　　　　　　　　　　　甲　野　一　郎　　㊞
　　　　　　　　　　　東京都○区○町○丁目○番○号
　　　　　　　　　　　　　　甲　野　次　郎　　㊞
　不動産の表示
　　不動産番号　　1234567890123
　　所　　在　　○区○町○丁目
　　地　　番　　○番○
　　地　　目　　宅　地
　　地　　積　　123.45 平方メートル

　　不動産番号　　0987654321012
　　所　　在　　○区○町○丁目○番地
　　家屋番号　　○番○
　　種　　類　　居　宅
　　構　　造　　木造かわらぶき２階建
　　床面積　　１階　51.00 平方メートル
　　　　　　　　２階　22.12 平方メートル

🔍 FOCUS 8 ｜ 平成30年民法改正による相続登記（法定相続分を超える部分）の対抗要件化

1　相続法制の改正

　近時の少子高齢化の進展に伴い、配偶者保護等の観点から相続法制の見直しが図られ、「民法及び家事事件手続法の一部を改正する法律」（平成30年7月13日法律第72号）は、原則として令和元年7月1日（ただし、自筆証書遺言の方式緩和については平成31年1月13日、配偶者の居住に関する権利については令和2年4月1日）から、「法務局における遺言書の保管等に関する法律」（平成30年7月13日法律第73号）は、令和2年7月10日から施行されています。

　その中で、民法改正（この項において「新民法」という。）により、全ての相続形態において、法定相続分を超える部分について相続登記が対抗要件化されています。

[相続登記の対抗要件化についての関係図]

※二男が、遺言により長男が相続した甲不動産につき、法定相続分による共有登記をした上で^(注)、第三者に対し、自己の法定相続分（持分2分の1）を売却できるか。

- 旧民法下では、長男は、甲不動産の相続登記（相続を原因とする所有権移転登記）がなくても、第三者に対抗することができた。
- しかし、新民法899条の2第1項は、全ての相続形態において、法定相続分を超える部分については相続登記を対抗要件とし、相続登記がなければ、第三者に対抗できないこととした（第三者とは、対抗要件具備の先後によって優劣を決することとなる。）。

（注）法定相続人は、民法252条ただし書（各共有者による保存行為）

により単独で法定相続分の共有登記ができる。

2　新民法899条の2について

　新民法899条の2第1項は、相続による権利（不動産、動産、知的財産権等）の承継は、遺産の分割及び遺言の場合を含め、法定相続分を超える部分については、登記、登録その他の対抗要件を備えなければ、第三者に対抗することができないことを規定しています。

　旧民法下では、遺産分割や遺贈の場合には、法定相続分を超える部分については相続登記（相続を原因とする所有権移転登記）がなければ、第三者に対抗できませんでしたが、遺産分割方法の指定（特定財産承継遺言。例えば、「甲不動産を長男に相続させる」旨の遺言）や相続分の指定の遺言によって法定相続分とは異なる権利の承継がされた場合には、対抗要件なくしてこれを第三者にも対抗することができました。

　しかし、新民法899条の2第1項により、遺言（遺産分割方法の指定（特定財産承継遺言）及び相続分の指定）による権利変動に関しても、法定相続分を超える部分は、登記等の対抗要件を備えなければ、第三者に対抗することができないことに変更し、遺産分割、遺贈と同様に対抗要件具備の先後によって優劣を決することにしました（対抗要件主義の採用）。

　このような変更理由については、旧民法下では、遺言によって法定相続分とは異なる権利の承継がされた場合には、対抗要件なくしてこれを第三者にも対抗することができることになり、個別の取引の安全が害されるおそれがあること、また、実体的な権利と公示の不一致が生ずる場面が多く存在することになり、とりわけ公的な公示制度として定着している不動産登記制度に対する信頼を害するおそれがあることなどが挙げられます。

　なお、この改正の背景には、高齢化社会による大量相続時代に備え、相続登記を促進させることにより所有者不明土地や空き家問題の発生を防ぐ必要があることにあります。

　したがって、この改正は、相続登記等の申請の義務化（**FOCUS 7**参照）と併せて、数次相続の発生を防止する効果があると考えられます。

　なお、新民法附則2条により、新民法施行（令和元年7月1日施行）前に開始した相続（相続登記）については、旧民法の適用があることになります。

[不動産の物権変動についての対抗要件（登記）の要否(旧民法と新民法の比較)]

	旧民法	新民法
遺 産 分 割	必　要	
遺　　　贈	必　要	**全て必要**
遺産分割方法の指定（特定財産承継遺言）	**不　要**	
相 続 分 の 指 定	**不　要**	

3　関連問題（相続の放棄と登記）

　旧民法下において、共同相続人二男（相続人は長男・二男の2人）が相続を放棄した後、遺産中の甲不動産について二男の債権者が二男に代位して法定相続分（2分の1）による共有登記をした上で、これを前提に二男の持分（2分の1）に仮差押登記をした場合においても、他の相続人である長男は、登記なくして甲不動産の所有権全部の取得を仮差押債権者（第三者）に対抗できます（最判昭和42年1月20日民集21巻1号16頁。下図参照）。

　相続の放棄をした者は、その相続に関して初めから相続人とならなかったものとみなされる（遡及効。民法939条）ので、その結果、放棄者は、相続開始の当初から相続財産を全て承継しなかったことになります。したがって、相続の放棄は、相続による権利の承継の場面ではないことから、対抗要件である登記の有無と関係なく、絶対的にその効力が生じ、他の相続人（本件では長男）は、新民法下においても、登記なくして仮差押債権者（第三者）に所有権の取得を対抗できると解されます。

　なお、上記の事例において、二男の相続放棄前に、二男の債権者が二男に代位して法定相続分（2分の1）による共有登記をした上で、二男の持分（2分の1）に仮差押登記をし、その後に二男が相続の放棄をした場合においても、新民法下においても、旧民法下の解釈同様に、他の相続人（長男）は、登記なくして仮差押債権者（第三者）に所有権の取得を対抗できると解されます。

［相続の放棄と登記］

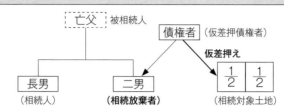

※二男が相続放棄した後に、二男の債権者が二男に代位して法定相続分
　（２分の１）による共有登記をした上で、二男の持分（２分の１）に
　仮差押登記をした場合でも、長男は、甲不動産の所有権移転登記なく
　して、仮差押債権者（第三者）に対抗できると解される（相続放棄の
　絶対効）。

Q16 数次相続３：数次相続による複数の登記申請書の記載例

> 　死亡した祖父Ａの遺産として土地・建物（所有権登記名義は祖父
> Ａ。以下「本件不動産」という。）があり、本件不動産を長男Ｂ及
> び二男Ｃが相続しましたが、その相続登記が未了のまま、今度は長
> 男Ｂが死亡し、その長女（孫）Ｄが唯一の相続人としてＢの遺産を
> 単独相続することになりました。
>
> 　なお、祖父Ａの遺言書はなく、また、祖父Ａの相続についてＢ・
> Ｃ間で遺産分割協議は成立していませんでした。また、生存するＣ
> 及びＤとの間にも遺産分割協議は成立していません。
>
> 　この場合、相続による所有権移転の登記手続はどのようになりま
> すか。

[本問の数次相続の関係図]

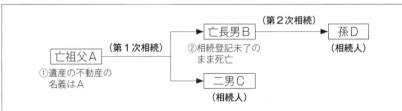

※(1)　祖父Ａの相続につき、Ａの遺言書はなく、その相続人Ｂ・Ｃ間において、
　　　Ｂの生存中に遺産分割協議は成立しなかった。
　(2)　生存するＣ及びＤとの間にも遺産分割協議は成立していない。
　(3)　この場合、相続による所有権移転の登記手続はどのようになるか。

A　このケースでは、まず、祖父Ａの相続について、法定相続人Ｂ及
びＣが法定相続分の割合（本件不動産について持分２分の１ず
つ）によって相続することになるので、亡Ｂ及びＣ（生存）名義で相続登記

の申請をすることになります。

　次いで、亡Bの持分2分の1について、亡BからDへの相続登記（持分全部移転登記）の申請をすることになります。

　したがって、合計2件の登記申請が必要となります。なぜなら、中間の相続（本件では第1次相続）の相続人が複数の場合には、いわゆる中間省略の登記ができないからです。

　なお、この場合の相続登記の申請書の記載例は、解説を参照してください。

　ちなみに、登記申請書記載の便宜上、下表のような氏名とします。

1	祖父A	甲野太郎
2	長男B（父はA）	甲野一郎
3	二男C（父はA）	甲野次郎
4	孫D（父はB）	甲野和子

解　説

1　総論

　本問では、祖父Aの相続（第1次相続）については、長男B及び二男Cの共同相続となり、単独相続とはならないので、中間の相続（第1次相続）の登記を省略することはできません。

　そこで、まず、祖父Aの相続について、法定相続人B及びCが法定相続分の割合（本件不動産について持分2分の1ずつ）によって相続することになるので、亡B及びC（生存）名義で相続登記の申請をすることになります。

　次いで、亡Bの持分2分及び1について、亡BからD（Bの長女）への相続登記（持分全部移転登記）の申請をすることになります。

　したがって、合計2件の登記申請が必要となります。

　以下、第1次相続の登記申請書（Aから共同相続人B及びCへの相続登記申請書）と第2次相続の登記申請書（BからDへの相続登記申請書）の各記載例及び

各相続関係説明図を掲記します。

2　第1次相続の登記申請書（Aから共同相続人B及びCへの相続登記申請書）の記載例及び相続関係説明図

(1)　第1次相続の登記申請書の記載例

　上記のとおり、まず、祖父Aの相続について、法定相続人B及びCが法定相続分の割合（本件不動産について持分2分の1ずつ）によって相続することなるので、亡B及びC（生存）名義で相続登記の申請書を作成することになります。

　なお、個人が相続（相続人に対する遺贈も含む。）により土地の所有権を取得した場合において、当該個人が当該相続による当該土地の所有権の移転の登記を受ける前に死亡したとき（つまり、数次相続の場合）は、平成30年4月1日から令和7年（2025年）3月31日までの間に当該個人を当該土地の所有権の登記名義人とするために受ける登記（つまり、中間の相続による登記）については、登録免許税を課さないこととされています（租税特別措置法84条の2の3第1項。**FOCUS 9**参照）。この場合、土地の登録免許税欄に「租税特別措置法第84条の2の3第1項により非課税」と記載することを要します（この記載がないと、免税措置は受けられない。）。

　ちなみに、建物の相続登記については、登録免許税の免税措置はありません。

登 記 申 請 書

```
登 記 の 目 的    所有権移転
原　　　　因    平成10年5月6日相続(注1)
相　続　人    （被相続人 甲 野 太 郎）
             東京都○区○町○丁目○番○号
             （住民票コード 00000000000）
             持分2分の1    甲 野 一 郎
             東京都○区○町○丁目○番○号
             （住民票コード 00000000000）
```

　　　　　　　　持分２分の１　　甲　野　次　郎

添　付　情　報
　　登記原因証明情報　　住所証明情報　　代理権限証書
　　□ 登記識別情報の通知を希望しません。

送付の方法により登記識別情報の通知書の交付を希望する
送付先　　○○の住所又は事務所あて
その他の事項
　　添付書面の原本の還付は、送付の方法によることを希望
　　送付先　　○○の住所又は事務所あて

令和４年７月１日申請
東京法務局○○支局（出張所）

代　理　人　　東京都○区○町○丁目○番○号
　　　　　　　乙野　三郎　　　　　㊞
　　　　　　　連絡先の電話番号 03-○○○○-○○○○

課税価格（建物）　金 500 万円
登録免許税　　　　金２万円

土地の登録免許税　租税特別措置法第 84 条の２の３第１項により非課税(注2)

不動産の表示
　　不動産番号　1234567890123
　　所　　　在　　○区○町○丁目
　　地　　　番　　○番○
　　地　　　目　　宅　地
　　地　　　積　　123.45 平方メートル

　　不動産番号　0987654321012
　　所　　　在　　○区○町○丁目○番地
　　家 屋 番 号　　○番○
　　種　　　類　　居　宅
　　構　　　造　　木造かわらぶき２階建
　　床　面　積　　１階　51.00 平方メートル
　　　　　　　　　２階　22.12 平方メートル

(注1) 登記原因及びその日付として、第１次相続の被相続人（祖父A）の死亡の日（戸
籍に記載されている日）及び「相続」の旨を記載します。
　　その他の一般的な注意事項について、**Q15** を参照してください。

(注2) 相続による所有権移転登記の登録免許税額は、固定資産課税台帳の価格（課税価
格）の 1000 分４ですが、上記のとおり、個人が相続（相続人に対する遺贈を含む。）に
より土地の所有権を取得した場合において、当該個人が当該相続による当該土地の所有
権の移転の登記を受ける前に死亡したとき（つまり、数次相続）は、平成 30 年４月１

日から令和7年（2025年）3月31日までの間に当該個人を当該土地の所有権の登記名義人とするために受ける登記（つまり、中間の相続による登記）については、登録免許税を課さないこととされています（租税特別措置法84条の2の3第1項）。この場合、土地の登録免許税欄に「租税特別措置法第84条の2の3第1項により非課税」と記載することを要します（この記載がないと、免税措置は受けられない。）。なお、この点の詳細は、法務局にお問い合わせください。

(2)　第1次相続の被相続人甲野太郎の相続関係説明図の記載例

　被相続人甲野太郎（遺産である不動産の登記名義人）の相続について、下表のような相続関係説明図を提出すると、登記申請書に添付した登記原因証明情報として提出された戸籍全部（個人）事項証明書（戸籍謄抄本）、除籍全部事項証明書（除籍謄本）を返還してもらうことができます（原本還付の手続）。

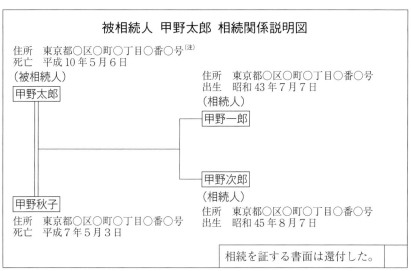

（注）登記記録上の被相続人の住所が、被相続人の最後の住所と一致しない場合には、その間の住所の移転の経緯が分かる被相続人の本籍の記載のある住民票除票又は戸籍の附票等が必要となります。

3　第2次相続の登記申請書（亡BからDへの相続登記（持分全部移転登記）の申請書）の記載例及び相続関係説明図

⑴　第2次相続の登記申請書の記載例

上記第1次相続の登記申請書に次いで、亡Bの持分2分及び1について、亡BからD（Bの長女）への相続登記（持分全部移転登記）の申請をすることになります。

ただ、これらの登記申請書は、一緒に管轄法務局（支局・出張所）に提出することができます。

なお、上記2の第1次相続（中間の相続）による土地の相続登記における登録免許税の免税措置は、第2次相続の登記（亡BからDへの相続登記）に適用されず、固定資産課税台帳の価格（課税価格）の1000分4の税率で課税されます。

登 記 申 請 書

```
登 記 の 目 的    甲野一郎持分全部移転(注1)
原    因    令和4年3月20日相続(注2)
相  続  人    (被相続人 甲 野 一 郎)
            東京都○区○町○丁目○番○号
            (住民票コード 00000000000)
            持分2分の1    甲 野 和 子

添 付 情 報
    登記原因証明情報    住所証明情報    代理権限証書
    □ 登記識別情報の通知を希望しません。

送付の方法により登記識別情報の通知書の交付を希望する
送付先    ○○の住所又は事務所あて
その他の事項
    添付書面の原本の還付は、送付の方法によることを希望
    送付先    ○○の住所又は事務所あて

令和4年7月1日申請
東京法務局○○支局（出張所）

代  理  人    東京都○区○町○丁目○番○号
            乙野 三郎        ㊞
```

連絡先の電話番号 03-○○○○-○○○○

課 税 価 格　　金 1,000 万円
登 録 免 許 税　　金 4 万円

不動産の表示
　不動産番号　　1234567890123
　所　　　在　　○区○町○丁目
　地　　　番　　○番○
　地　　　目　　宅　地
　地　　　積　　123.45 平方メートル
　　　　　　　　（持分 2 分の 1）

　不動産番号　　0987654321012
　所　　　在　　○区○町○丁目○番地
　家 屋 番 号　　○番○
　種　　　類　　居　宅
　構　　　造　　木造かわらぶき 2 階建
　床 面 積　　1 階　51.00 平方メートル
　　　　　　　　2 階　22.12 平方メートル
　　　　　　　　（持分 2 分の 1）

（注 1）共有者の相続のときは、「何某持分全部移転」とします。
（注 2）登記原因及びその日付として、第 2 次相続の被相続人（長男 B（D の父））の死亡の日（戸籍に記載されている日）及び「相続」の旨を記載してください。
　　　なお、その他の注意事項について、**Q15** を参照してください。

(2)　**第 2 次相続の被相続人甲野一郎の相続関係説明図の記載例**

　被相続人甲野一郎の相続（第 2 次相続）について、下表のような相続関係説明図を提出すると、登記申請書に添付した登記原因証明情報として提出された戸籍全部（個人）事項証明書（戸籍謄抄本）、除籍全部事項証明書（除籍謄本）を返還してもらうことができます（原本還付の手続）。

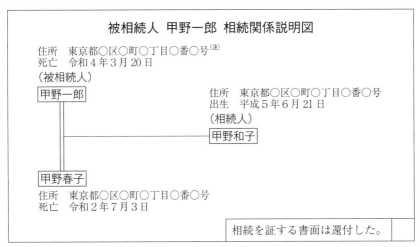

被相続人　甲野一郎　相続関係説明図

住所　東京都○区○町○丁目○番○号(注)
死亡　令和4年3月20日
（被相続人）

甲野一郎

住所　東京都○区○町○丁目○番○号
出生　平成5年6月21日
（相続人）

甲野和子

甲野春子
住所　東京都○区○町○丁目○番○号
死亡　令和2年7月3日

| 相続を証する書面は還付した。 | |

（注）登記記録上の被相続人の住所が、被相続人の最後の住所と一致しない場合には、その間の住所の移転の経緯が分かる被相続人の本籍の記載のある住民票除票又は戸籍の附票等が必要となります。

4　亡祖父Aから直接Dへの相続登記が可能な場合（中間の相続が単独相続の場合可）

(1)　直接の相続登記が可能な場合

　中間の相続登記を省略して、直接、所有権の登記名義人（祖父A）から最終の相続人（孫D）のために相続による所有権移転登記を認めても、公示上の混乱を来すおそれがない場合には、登記事務の簡素化という観点から、中間の相続登記を省略する取扱いが認められています。

　すなわち、登記実務上、本問に即していえば、①二男Cが祖父Aの相続について超過特別受益者である場合、②二男Cが祖父Aの相続について生前に相続放棄をしていた場合、又は③Aの遺産につき、二男Cと孫D（亡長男Bの単独相続人）との間で、本件不動産をBが単独で相続する旨の遺産分割協議が成立した場合には、祖父Aから直接D名義に、1個の相続登記申請することができます。そして、この場合、登記申請書には、登記原因及びその日付を連記することになります（昭和30年12月16日民事甲2670号民事局長通達）。

　このうち、本問に即して、Aの遺産につき、CとDとの間で、本件不動産

をBが単独で取得する旨の遺産分割協議書の記載例を上げます（髙妻新＝荒木文明＝後藤浩平『全訂第三版補訂　相続における戸籍の見方と登記手続』（日本加除出版、2022）横組160頁以下、33頁参照）。

［遺産分割協議書の記載例（中間の相続が単独相続）］

遺産分割協議書^(注1)

最後の本籍　東京都○区○町○丁目○番地^(注2)
最後の住所　東京都○区○町○丁目○番○号^(注3)
　　　　　　被相続人　甲野太郎（平成10年5月6日死亡）^(注4)

最後の本籍　東京都○区○町○丁目○番地^(注2)
最後の住所　東京都○区○町○丁目○番○号^(注3)
　　　　　　相続人兼被相続人　甲野一郎（令和4年3月20日死亡）^{(注4)(注5)}

本　　　籍　東京都○区○町○丁目○番地
住　　　所　東京都○区○町○丁目○番○号
　　　　　　上記甲野一郎相続人　甲野和子（平成5年6月21日生）^(注5)

本　　　籍　東京都○区○町○丁目○番地
住　　　所　東京都○区○町○丁目○番○号
　　　　　　相続人　甲野次郎（昭和45年8月7日生）^(注5)

　上記共同相続人間において、遺産の分割を協議した結果、下記のとおり決定した。

記

　次の遺産は、平成10年5月6日甲野一郎が単独相続したものを、令和4年3月20日甲野和子が単独相続する。^(注6)

相続財産の表示
　所　　　在　○区○町○丁目
　地　　　番　○番○
　地　　　目　宅　地
　地　　　積　123.45平方メートル

　所　　　在　○区○町○丁目○番地
　家　屋　番　号　○番○
　種　　　類　居　宅
　構　　　造　木造かわらぶき2階建
　床　面　積　1階　51.00平方メートル
　　　　　　　2階　22.12平方メートル

　本協議による決定を証するため、本協議書を作成し、それぞれ署名・押印する。

　令和4年〇月〇日

　　　　　　　　　　　　　　　相続人　甲野和子　㊞(注7)
　　　　　　　　　　　　　　　相続人　甲野次郎　㊞(注7)

（注1）遺産分割協議書は、全員が一堂に会して協議することが原則ですが、協議者が遠隔地にあるため又は多数である場合などには、同文の協議書を必要部数だけ作成し、共同相続人が、それぞれに署名又は記名し、押印する扱いも認められています（昭和35年12月27日民事甲3327号民事局長回答）。

（注2）被相続人特定のため、その最後の本籍を記載します。

（注3）被相続人特定のため、相続開始の場所を記載します。

（注4）被相続人の死亡の日（相続開始の日）を明らかにします。

（注5）相続人を特定し、被相続人とのつながりを記載します。
　　　なお、甲野和子は、「甲野一郎相続人」という記載になります。

（注6）遺産分割の内容を記載します。すなわち、相続人甲野和子が単独相続に至る経過を記載し、被相続人甲野太郎から直接甲野和子に相続登記ができること（中間の相続が単独相続であること）を明確にします。

（注7）遺産分割の協議者全員が、署名又は記名し押印します。現実の取得者以外の協議者は、実印をもって押印し、その印鑑証明書（作成後3か月経過のものでもよい。）を添付します（昭和30年4月23日民事甲742号民事局長通達）。

(2)　祖父Aから孫Dへの直接の相続登記申請書の記載例

　上記遺産分割協議書に基づいて、本件不動産をBが単独相続したとして、祖父Aから直接孫D名義に、いわゆる中間省略による1個の相続登記申請で済ますことができますが、その登記申請書の記載例は、以下のとおりです。

　なお、この場合、登記申請書には、登記原因及びその日付を連記することになります。

登　記　申　請　書

登 記 の 目 的　　所有権移転
原　　　　因　　　平成10年5月6日甲野一郎相続(注)
　　　　　　　　　令和4年3月20日相続

相　続　人　　（被相続人　甲　野　太　郎）
　　　　　　　　東京都○区○町○丁目○番○号
　　　　　　　　（住民票コード 00000000000）
　　　　　　　　甲　野　和　子

添　付　情　報
　　　登記原因証明情報　　住所証明情報　　代理権限証書
　　　□ 登記識別情報の通知を希望しません。

送付の方法により登記識別情報の通知書の交付を希望する
送付先　　○○の住所又は事務所あて
その他の事項
　　添付書面の原本の還付は、送付の方法によることを希望
　　送付先　　○○の住所又は事務所あて

令和4年7月1日申請
東京法務局○○支局（出張所）

代　理　人　　東京都○区○町○丁目○番○号
　　　　　　　　乙　野　三　郎　　　　㊞
　　　　　　　　連絡先の電話番号 03-○○○○-○○○○

課 税 価 格　　金2,000万円
登録免許税　　金8万円

不動産の表示
　　不動産番号　　1234567890123
　　所　　　在　　○区○町○丁目
　　地　　　番　　○番○
　　地　　　目　　宅　地
　　地　　　積　　123.45平方メートル

　　不動産番号　　0987654321012
　　所　　　在　　○区○町○丁目○番地
　　家 屋 番 号　　○番○
　　種　　　類　　居　宅
　　構　　　造　　木造かわらぶき2階建
　　床 面 積　　1階　51.00平方メートル
　　　　　　　　　2階　22.12平方メートル

（注）登記原因及びその日付として、第1次の被相続人（甲野太郎）の死亡の日（戸籍に記載されている日）及び相続人の氏名並びに「相続」の旨を記載します。次に第2次の被相続人（甲野一郎）の死亡の日（戸籍に記載されている日）及び「相続」の旨を記載してください。

　　すなわち、この場合、登記原因及びその日付を連記することになります。

　　なお、その他の一般的な注意事項について、**Q15**を参照してください。

(3)　被相続人甲野太郎の相続関係説明図の記載例

　被相続人甲野太郎（遺産である不動産の登記名義人）から最終の相続人である甲野和子までの相続関係について、下表のような相続関係説明図を提出すると、登記申請書に添付した登記原因証明情報として提出された戸籍全部（個人）事項証明書（戸籍謄抄本）、除籍全部事項証明書（除籍謄本）を返還してもらうことができます（原本還付の手続）。

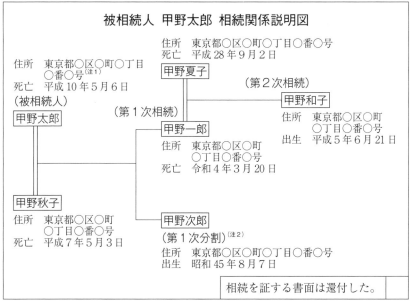

（注１）　登記記録上の被相続人の住所が、被相続人の最後の住所と一致しない場合には、その間の住所の移転の経緯が分かる被相続人の本籍の記載のある住民票除票又は戸籍の附票等が必要となります。

（注２）　（第１次分割）とは、第１次の相続人甲野一郎との遺産分割協議の結果、甲野次郎が本件不動産を相続しなかったことを意味します。

🔍 FOCUS 9 │ 数次相続等における土地の所有権移転登記等 の登録免許税の免税措置について（時限立法）

　平成30年度の税制改正以来、相続による土地の所有権の移転の登記等について、登録免許税の免税措置が設けられています。

　この免税措置は、令和3年度の税制改正により、下記2の免税措置の適用の対象となる登記として、表題部所有者の相続人が受ける所有権の保存の登記が追加されました。

　また、令和4年度の税制改正により、下記1及び2の免税措置の適用期限が令和7年（2025年）3月31日までに延長されるとともに、下記2の免税措置の適用対象が全国の土地（従前は、「市街化区域外の土地」で法務大臣の指定した土地に限っていた。）に拡充され、不動産の価額が100万円以下の土地（従前は、「10万円以下の土地」）であれば、この免税措置が適用されることになりました。

　この要点について、国税庁（https://www.nta.go.jp/publication/pamph/sonota/0018003-081-01.pdf「相続による土地の所有権の移転登記等に対する登録免許税の免税措置について」）及び法務局（https://houmukyoku.moj.go.jp/homu/page7_000017.html「相続登記の登録免許税の免税措置について」）の各ホームページに基づいて説明します。

1　相続により土地を取得した人が相続登記をしないで死亡した場合（数次相続の場合）における登録免許税の免税措置

(1)　免税措置の内容

　個人が相続（相続人に対する遺贈も含む。）により土地の所有権を取得した場合において、当該個人が当該相続による当該土地の所有権の移転の登記を受ける前に死亡したときは、平成30年4月1日から令和7年（2025年）3月31日までの間に当該個人を当該土地の所有権の登記名義人とするために受ける登記については、登録免許税を課さないこととされています（租税特別措置法第84条の2の3第1項）。

(2)　免税措置のイメージ

　免税を受けることができる相続登記の申請のイメージは、以下のとおりです。

　登記名義人となっている被相続人Aから相続人Bが相続により土地の所有権を取得した場合において、その相続登記をしないまま相続人Bが亡くなっ

たときは、相続人Bをその土地の登記名義人とするための相続登記について
は、登録免許税が免税となります。

[数次相続の場合における土地の相続登記の登録免許税の免税措置]

※・第1次相続（AからBの相続）の土地の相続登記は登録免許税が免
　税される（土地の価額の0.4％の税率→免税）。

　　　この場合、登記申請書の登録免許税欄に「租税特別措置法第84
　条の2の3第1項により非課税」と記載の必要あり。

　　　しかし、第2次相続（BからCの相続）の土地の相続登記は、免
　税の対象外である。

　・なお、上記のような場合に、通常、Cが最終的に土地を相続し、第
　1次相続について相続登記を申請するケースが多いと思われるが、
　必ずしもCがその土地を相続している必要はなく、例えばBが生前
　に同土地を第三者に売却していたとしても、第1次相続についての
　相続登記の登録免許税は免税となる。

(3)　税率及び適用期間

　本来、土地の価額(注)に対して0.4％（1000分の4）の税率が掛かるとこ
ろ、平成30年4月1日から令和7年（2025年）3月31日までの間は、
免税となります。

　登録免許税の免税措置の適用を受けるためには、免税の根拠となる法令の
条項を登記申請書に記載する必要があります。この場合、登記申請書の登録
免許税欄に「租税特別措置法第84条の2の3第1項により非課税」と記載
します（この記載がないと、免税措置は受けられない。）。

(注)不動産登記の登録免許税算定の基礎となる「不動産（土地・建物）の価額」
　とは

　　不動産（土地・建物）の価額は、市町村役場で管理している固定資産課税台帳
　に登録された価格がある場合は、その価格です。固定資産課税台帳に登録された

価格がない場合は、登記官が認定した価額になるので、その不動産を管轄する登記所にお問い合わせください。

２　少額な土地（不動産の価額が 100 万円以下の土地）を相続により取得した場合の登録免許税の免税措置

⑴　免税措置の内容

土地について相続（相続に対する遺贈を含む。）による所有権の移転の登記又は表題部所有者の相続人が所有権の保存の登記を受ける場合において、不動産の価額（共有持分の場合は、当該不動産全体の価額に持分の割合を乗じて計算した額）が 100 万円以下の土地であるときは、①「平成 30 年 11 月 15 日から令和７年（2025 年）３月 31 日までの間に受ける当該土地の相続による所有権の移転の登記」又は②「令和３年（2021 年）４月１日から令和７年（2025 年）３月 31 日までの間に当該土地の表題部所有者の相続人が受ける所有権の保存の登記」については、登録免許税を課さないこととされています（租税特別措置法 84 条の２の３第２項）。

［不動産価額 100 万円以下の土地に係る登録免許税の免税措置］

> ①平成 30 年 11 月 15 日〜令和７年３月 31 日の間に受ける当該土地の相続登記
> ②令和３年４月１日〜令和７年３月 31 日の間に土地の表題部所有者の相続人が受ける所有権保存登記
>
>
>
> 各登記申請書の登録免許税欄に「租税特別措置法第 84 条の２の３第２項により非課税」と記載の必要あり（土地の価額の 0.4％の税率→免税）

⑵　税率及び適用期間

本来、土地の価額に対して 0.4％（1000 分の４）の税率が掛かるところ、①「相続による所有権の移転の登記については平成 30 年 11 月 15 日から令和７年（2025 年）３月 31 日までの間」、また、②「表題部所有者の相続人が受ける所有権の保存の登記」については令和３年（2021 年）４月１日から令和７年（2025 年）３月 31 日までの間」は、免税となります。

　登録免許税の免税措置の適用を受けるためには、免税の根拠となる法令の条項を申請書に記載する必要があります。この場合、相続登記（所有権の移転の登記・所有権の保存の登記）の申請書の登録免許税欄に「租税特別措置法第84条の2の3第2項により非課税」と記載します（この記載がないと、免税措置は受けられない。）。

Q17 | 数次相続4：数次相続と代襲相続が混じった事案

　　死亡した祖父Aの遺産として土地・建物（所有権登記名義は祖父A。以下「本件不動産」という。）があります。相続人は、本来、長男Bと二男Cでしたが、長男Bは、祖父Aの死亡以前に死亡しており、その長女（孫）Dが長男Bの代襲相続人（唯一の代襲相続人）となります。

　　また、二男Cは、祖父Aの死亡の2年後に、本件不動産の相続登記が未了のまま死亡し、その長男（孫）Eが唯一の相続人となりました。

　　なお、祖父Aの遺言書はなく、また、祖父Aの相続についてC及びDとの間に遺産分割協議は成立していませんでした。

　　この場合、残された孫Dと孫Eは、話し合って、本件不動産を孫Eが単独相続できるようにしたいと思います。

　　この場合の遺産分割協議書の作成方法及び相続登記の申請書の記載方法を教えてください。

［本問の数次相続の関係図］

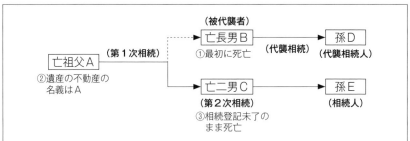

※(1)　祖父Aの相続につき、Aの遺言書はなく、その相続人C及び代襲相続人Dとの間で、Cの生存中に遺産分割協議は成立していなかった。

　(2)　残された孫Dと孫Eとの間での遺産分割協議も成立していない。

(3)　この場合、孫Eの単独相続による所有権移転の登記手続はどのようになるか。

A　本件不動産を孫Eが単独相続するには、代襲相続人Dと、Cの相続人Eが遺産分割協議を行い、本件不動産を亡Aから二男Cが単独相続し、次いで、これを孫Eが単独相続をする旨の遺産分割協議書を作成すればよいことになります。

　そうすれば、中間の相続（第1次相続）が単独相続であるため、いわゆる中間省略の登記により所有権の登記名義人であるAから、直接最終の単独相続人（孫E）に相続による所有権移転の登記手続ができます。

　なお、この場合の相続登記の申請書の記載例は、解説を参照してください。

　ちなみに、登記申請書記載の便宜上、下表のような氏名とします。

1	祖父A	甲野太郎
2	長男B（父はA）	甲野一郎（被代襲者）
3	二男C（父はA）	甲野次郎
4	孫D（父はB）	甲野和子（代襲相続人）
5	孫E（父はC）	甲野三郎

解　説

1　数次相続と代襲相続の関係

　本問では、祖父Aの死亡前にその長男Bが死亡しているため、Bの長女（孫）Dが代襲相続しています。

　代襲相続とは、①相続の開始以前に相続人となるべき子・兄弟姉妹が死亡し、又は②相続人に欠格事由があり、若しくは相続人が廃除されたため相続権を失った場合に、その者の直系卑属（代襲者）がその者に代わって相続分

を相続することをいいます（民法887条2項・3項、889条2項）。本問の孫Dのように、本来の相続人に代わって相続人になる人を代襲相続人といいます。

したがって、代襲相続では、祖父の相続しかなく、孫Dは第1次の相続人となります。

これに対し、数次相続とは、本問の例でいうと、祖父Aが死亡し、その相続（第1次相続）が開始したものの、その相続登記が終了しないうちに、その相続人であるその二男Cが死亡し、Cの相続（第2次相続）も開始した場合（次いで、第3次の相続が開始する場合もある。）をいいます。

したがって、数次相続では、複数の相続が存在することになり、それぞれ相続において、法定相続人を特定する必要があります。

2　遺産分割協議書の作成について

本問では、最終の相続人であるD（Bの長女で代襲相続人）及びE（Cの長男で第2次相続の相続人）が話し合って、本件不動産をEに単独相続させることの合意ができているので、この内容を遺産分割協議書に盛り込めばよいことになります。

すなわち、本件不動産をEが単独相続するには、まず本件不動産を亡Aから二男Cが単独相続し、次いで、これをE（Cの長男）が単独相続をする旨の遺産分割協議書を作成することになります。

そうすれば、中間の相続（第1次相続）が単独相続となるため、いわゆる中間省略の登記により所有権の登記名義人であるAから、直接最終の単独相続人（E）に相続による所有権移転の登記申請手続ができます。

まず、遺産分割協議書の記載例は以下のとおりです。

［遺産分割協議書の記載例（中間の相続が単独相続）］

遺産分割協議書(注1)

最後の本籍　東京都○区○町○丁目○番地(注2)
最後の住所　東京都○区○町○丁目○番○号(注3)

被相続人　甲野太郎（平成28年5月6日死亡）^(注4)

本　　籍　東京都○区○町○丁目○番地
住　　所　東京都○区○町○丁目○番○号
　　　　　相続人甲野一郎代襲相続人　甲野和子（平成7年10月9日生）^(注5)

最後の本籍　東京都○区○町○丁目○番地^(注2)
最後の住所　東京都○区○町○丁目○番○号^(注3)
　　　　　相続人兼被相続人　甲野次郎（令和3年9月8日死亡）^{(注4)(注5)}

本　　籍　東京都○区○町○丁目○番地
住　　所　東京都○区○町○丁目○番○号
　　　　　上記甲野次郎相続人　甲野三郎（平成8年7月9日生）^(注5)

　上記共同相続人間において、遺産の分割を協議した結果、下記のとおり決定した。

記

　次の遺産は、平成28年5月6日甲野次郎が単独相続したものを、令和3年9月8日甲野三郎が単独相続する。^(注6)

相続財産の表示
　所　　在　○区○町○丁目
　地　　番　○番○
　地　　目　宅　地
　地　　積　123.45平方メートル

　所　　在　○区○町○丁目○番地
　家屋番号　○番○
　種　　類　居　宅
　構　　造　木造かわらぶき2階建
　床　面　積　1階　51.00平方メートル
　　　　　　　2階　22.12平方メートル

　本協議による決定を証するため、本協議書を作成し、それぞれ署名・押印する。

　令和4年○月○日

　　　　　　　　　　相続人　甲野和子　㊞^(注7)
　　　　　　　　　　相続人　甲野三郎　㊞^(注7)

（注1）遺産分割協議書は、全員が一堂に会して協議することが原則ですが、協議者が遠隔地にあるため又は多数である場合などには、同文の協議書を必要部数だけ作成し、共同相続人が、それぞれ署名又は記名し、押印する扱いも認められています（昭和35年12月27日民事甲3327号民事局長回答）。

（注2）被相続人特定のため、その最後の本籍を記載します。

（注3）被相続人特定のため、相続開始の場所を記載します。

（注4）被相続人の死亡の日（相続開始の日）を明らかにします。

（注5）相続人を特定し、被相続人とのつながりを記載します。

　　なお、代襲相続人甲野和子と被相続人との関係は、その相続人甲野一郎を介することになるので「相続人甲野一郎代襲相続人」という記載方法になります。

（注6）遺産分割の内容を記載します。すなわち、相続人甲野三郎が単独相続に至る経過を記載し、被相続人甲野太郎から直接甲野三郎に相続登記ができること（中間の相続が単独相続であること）を明確にします。

（注7）遺産分割の協議者全員が、署名又は記名し押印します。現実の取得者以外の協議者は、実印をもって押印し、その印鑑証明書（作成後3か月経過のものでもよい）を添付します（昭和30年4月23日民事甲742号民事局長通達）。

3　AからEへの直接の相続登記申請書の記載例

　上記遺産分割協議書により、Cが単独相続した本件不動産をEが単独相続したことから、Aから直接E名義に、1個の相続登記申請で済ますことができます。

　その登記申請書の記載例は、以下のとおりです。

　なお、この場合、登記申請書には、登記原因及びその日付を連記することになります。

登 記 申 請 書

登 記 の 目 的　　所有権移転

原　　　　因　　平成28年5月6日甲野次郎相続（注）
　　　　　　　　令和3年9月8日相続

相　続　人　　（被相続人　甲　野　太　郎）
　　　　　　　東京都○区○町○丁目○番○号
　　　　　　　（住民票コード 00000000000）
　　　　　　　甲　野　三　郎

添 付 情 報
　　登記原因証明情報　　住所証明情報　　代理権限証書
　　☐ 登記識別情報の通知を希望しません。

送付の方法により登記識別情報の通知書の交付を希望する
送付先　　○○の住所又は事務所あて

その他の事項
　添付書面の原本の還付は、送付の方法によることを希望
　送付先　　○○の住所又は事務所あて

令和４年７月１日申請
東京法務局○○支局（出張所）

代　理　人　東京都○区○町○丁目○番○号
　　　　　　乙野　三郎　　　㊞
　　　　　　連絡先の電話番号 03-○○○○-○○○○

課 税 価 格　　金 2,000 万円
登 録 免 許 税　金 8 万円

不動産の表示
　不動産番号　1234567890123
　所　　在　　○区○町○丁目
　地　　番　　○番○
　地　　目　　宅　地
　地　　積　　123.45 平方メートル

　不動産番号　0987654321012
　所　　在　　○区○町○丁目○番地
　家 屋 番 号　○番○
　種　　類　　居　宅
　構　　造　　木造かわらぶき２階建
　床 面 積　　１階　51.00 平方メートル
　　　　　　　２階　22.12 平方メートル

（注）登記原因及びその日付として、第１次の被相続人（甲野太郎）の死亡の日（戸籍に
　記載されている日）及び相続人（甲野次郎）の氏名並びに「相続」の旨を記載します。
　次に第２次の相続人の死亡の日（戸籍に記載されている日）及び「相続」の旨を記載し
　てください。すなわち、この場合、登記原因及びその日付を連記することになります。
　　なお、その他の一般的な注意事項について、**Q 15** を参照してください。

4　被相続人甲野太郎の相続関係説明図の記載例

　被相続人甲野太郎（遺産である不動産の登記名義人）から最終の相続人である
甲野和子までの相続関係について、下表のような相続関係説明図を提出する
と、登記申請書に添付した登記原因証明情報として提出された戸籍全部（個
人）事項証明書（戸籍謄抄本）、除籍全部事項証明書（除籍謄本）を返還しても
らうことができます（原本還付の手続）。

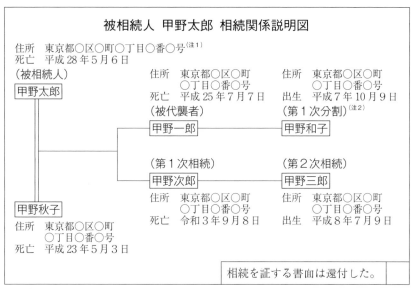

(注1）登記記録上の被相続人の住所が、被相続人の最後の住所と一致しない場合には、その間の住所の移転の経緯が分かる被相続人の本籍の記載のある住民票除票又は戸籍の附票等が必要となります。

(注2）（第1次分割）とは、第1次の相続人甲野次郎との遺産分割協議の結果、甲野和子が本件不動産を相続しなかったことを意味します。

Q18 | 数次相続5：数次相続（家督相続を含む。）による一括の登記申請書の記載例

明治31年民法（旧民法）の施行中に、戸主Aの死亡により家督相続した新戸主Bが現行民法下において死亡し、さらに、Bの相続人である長男Cと二男DがBの財産を相続しました。

しかし、長男Cはその相続人である妻E及び長女Fを残して死亡しました。二男Dは未婚で、子はいません。

なお、戸主Aの遺産として土地・建物（所有権登記名義はA。以下「本件不動産」という。）がありますが、相続登記が未了のまま現在に至っています。

この場合、二男D、妻E及び長女Fは、話し合って、本件不動産を妻Eが単独相続できるようにしたいと思います。

この場合の遺産分割協議書の作成方法及び相続登記の申請書の記載方法を教えてください。

［本問の数次相続の関係図］

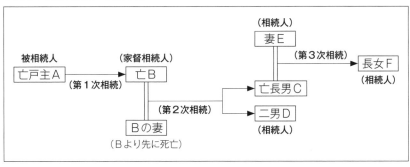

A 本件不動産を妻Eが単独相続するには、D、E及びFの3人が遺産分割協議を行い、本件不動産を亡Bから長男Cが単独相続し、次いで、これを妻Eが単独相続をする旨の遺産分割協議書を作成すればよ

いことになります。

　そうすれば、中間の相続（第1次相続及び第2次相続）が単独相続であるため、いわゆる中間省略の登記により所有権の登記名義人である戸主Aから、直接最終の単独相続人（妻E）に相続による所有権移転の登記手続ができます。

　なお、この場合の相続登記の申請書の記載例は、解説を参照してください。

　ちなみに、登記申請書記載の便宜上、下表のような氏名とします。

1	戸主A	甲野太郎
2	家督相続人B	甲野春男
3	長男C	甲野一郎
4	二男D	甲野次郎
5	Cの妻E	甲野和子
6	Cの長女F	甲野夏子

解　説

1　家督相続について

　明治31年民法（明治31年7月16日施行。以下「旧民法」という。）は、家制度を基礎として親族関係が規定され、相続に関しては、①「戸主の戸主権及び財産権の相続である家督相続」と、②「家族の財産権の相続である遺産相続」を中心に規定されていましたが、家制度に係る部分は、「日本国憲法の施行に伴う民法の応急的措置に関する法律」（昭和22年法律第74号）の施行（昭和22年5月3日）によって不適用とされ、昭和22年民法（昭和22年法律第222号）の施行（昭和23年1月1日）によって廃止されました。

　家督相続とは、戸主の死亡又は戸主権喪失に基づく、戸主という法律上の地位の承継であって、身分相続・財産相続・単独相続であるとともに、生前相続もあり得ます。

　一家には必ず一人の「戸主」がおり、家の統率者となりますが、この戸主たる身分に伴って家族の統率のためにある権利義務を「戸主権」（例えば、家族の居所指定権、家族の入籍・去家に対する同意権等）といいます。戸主権は、家督相続人が有します（旧民法における相続関係概要については、**FOCUS 6** 参照）。

　数次相続においては、旧民法の適用がある事例も存在すると思われるので、本問で取り上げることにしました。

2　遺産分割協議書の作成について

　本問では、相続人Ｄ（二男）、Ｅ（長男Ｃの妻）及びＦ（Ｃの長女）が話し合って、本件不動産を妻Ｅに単独相続させることの合意ができているので、この内容を遺産分割協議書に盛り込めばよいことになります。

　すなわち、本件不動産を妻Ｅが単独相続するには、まず本件不動産を亡Ｂから長男Ｃが単独相続し、次いで、これを妻Ｅが単独相続をする旨の遺産分割協議書を作成することになります。

　そうすれば、ＡからＢへの家督相続（第１次相続）、及び中間の相続（第２次相続及び第３次相続）が単独相続となるため、いわゆる中間省略の登記により所有権の登記名義人である戸主Ａから、直接最終の単独相続人（妻Ｅ）に相続による所有権移転の登記手続ができます。

　まず、遺産分割協議書の記載例は以下のとおりです。

［遺産分割協議書の記載例（中間の相続が単独相続）］

遺産分割協議書^(注1)

　　最後の本籍　東京都○区○町○丁目○番地^(注2)
　　最後の住所　東京都○区○町○丁目○番○号^(注3)
　　　　　　　被相続人　甲野太郎（昭和16年7月7日死亡）^(注4)

　　最後の本籍　東京都○区○町○丁目○番地^(注2)
　　最後の住所　東京都○区○町○丁目○番○号^(注3)
　　　　　　　家督相続人兼被相続人　甲野春男（昭和50年3月20日死亡）^{(注4)(注5)}

最後の本籍　東京都○区○町○丁目○番地^(注2)
最後の住所　東京都○区○町○丁目○番○号^(注3)
　　　　　　上記甲野春男相続人兼被相続人　甲野一郎（令和3年9月
　　　　　　15日死亡)^{(注4)(注5)}

本　　　籍　東京都○区○町○丁目○番地
住　　　所　東京都○区○町○丁目○番○号
　　　　　　上記甲野一郎相続人　甲野和子（昭和43年6月9日生)^(注5)

本　　　籍　東京都○区○町○丁目○番地
住　　　所　東京都○区○町○丁目○番○号
　　　　　　上記甲野一郎相続人　甲野夏子（平成7年10月7日生)^(注5)

本　　　籍　東京都○区○町○丁目○番地
住　　　所　東京都○区○町○丁目○番○号
　　　　　　上記甲野春男相続人　甲野次郎（昭和45年8月7日生)^(注5)

　上記共同相続人間において、遺産の分割を協議した結果、下記のとおり決定した。

記

　次の遺産は、昭和16年7月7日甲野春男が家督相続したものを、昭和50年3月20日甲野一郎が単独相続し、更に令和3年9月15日甲野和子が単独相続する。^(注6)

相続財産の表示
　所　　　在　　○区○町○丁目
　地　　　番　　○番○
　地　　　目　　宅　地
　地　　　積　　123.45平方メートル

　所　　　在　　○区○町○丁目○番地
　家 屋 番 号　　○番○
　種　　　類　　居　宅
　構　　　造　　木造かわらぶき2階建
　床 面 積　　1階　51.00平方メートル
　　　　　　　　2階　22.12平方メートル

　本協議による決定を証するため、本協議書を作成し、それぞれ署名・押印する。

令和4年○月○日

　　　　　　　　　　　　　　相続人　甲野和子　㊞^(注7)
　　　　　　　　　　　　　　相続人　甲野夏子　㊞^(注7)
　　　　　　　　　　　　　　相続人　甲野次郎　㊞^(注7)

（注1）遺産分割協議書は、全員が一堂に会して協議することが原則ですが、協議者が遠

隔地にあるため又は多数である場合などには、同文の協議書を必要部数だけ作成し、共同相続人が、それぞれ署名又は記名し、押印する扱いも認められています（昭和35年12月27日民事甲3327号民事局長回答）。

（注２）被相続人特定のため、その最後の本籍を記載します。

（注３）被相続人特定のため、相続開始の場所を記載します。

（注４）被相続人の死亡の日（相続開始の日）を明らかにします。

（注５）相続人を特定し、被相続人とのつながりを記載します。

　　なお、甲野春男と被相続人甲野太郎との関係は、「家督相続人兼被相続人　甲野春男」という記載になります。

（注６）遺産分割の内容を記載します。すなわち、相続人甲野和子が単独相続に至る経過を記載し、被相続人甲野太郎から直接甲野和子に相続登記ができること（中間の相続が単独相続であること）を明確にします。

（注７）遺産分割の協議者全員が、署名又は記名し押印します。現実の取得者以外の協議者は、実印をもって押印し、その印鑑証明書（作成後３か月経過のものでもよい）を添付します（昭和30年４月23日民事甲742号民事局長通達）。

3　AからEへの直接の相続登記申請書の記載例

上記遺産分割協議書により、Bが家督相続した本件不動産を、Cが単独相続し、更にEが単独相続したことから、Aから直接E名義に、１個の相続登記申請で済ますことができますが、その登記申請書の記載例は、以下のとおりです。

なお、この場合、登記申請書には、登記原因及びその日付を連記することになります。

```
登　記　申　請　書

登 記 の 目 的　　所有権移転
原　　　　因　　　昭和16年７月７日甲野春男家督相続(注)
　　　　　　　　　昭和50年３月20日甲野一郎相続
　　　　　　　　　令和３年９月15日相続
相　　続　　人　　（被相続人　甲　野　太　郎）
　　　　　　　　　東京都○区○町○丁目○番○号
　　　　　　　　　（住民票コード00000000000）
　　　　　　　　　　　甲　野　和　子

添 付 情 報
```

　　　　　　登記原因証明情報　　　住所証明情報　　　代理権限証書
　　　　　□　登記識別情報の通知を希望しません。

　　　送付の方法により登記識別情報の通知書の交付を希望する
　　　送付先　　　○○の住所又は事務所あて
　　　その他の事項
　　　　添付書面の原本の還付は、送付の方法によることを希望
　　　　送付先　　　○○の住所又は事務所あて

　　　令和4年7月1日申請
　　　東京法務局○○支局（出張所）

　　　代　理　人　　東京都○区○町○丁目○番○号
　　　　　　　　　　乙野　三郎　　　　㊞
　　　　　　　　　　連絡先の電話番号03-○○○○-○○○○

　　　課　税　価　格　　金2,000万円
　　　登　録　免　許　税　　金8万円
　　　不動産の表示
　　　　不動産番号　　1234567890123
　　　　所　　　在　　○区○町○丁目
　　　　地　　　番　　○番○
　　　　地　　　目　　宅　地
　　　　地　　　積　　123.45平方メートル

　　　　不動産番号　　0987654321012
　　　　所　　　在　　○区○町○丁目○番地
　　　　家　屋　番　号　　○番○
　　　　種　　　類　　居　宅
　　　　構　　　造　　木造瓦葺2階建
　　　　床　面　積　　1階　51.00平方メートル
　　　　　　　　　　　　2階　22.12平方メートル

（注1）登記原因及びその日付として、第1次の被相続人（甲野太郎）の死亡の日（戸籍に記載されている日）及び相続人の氏名並びに「家督相続」の旨を記載します。
　　次に第2次の被相続人（甲野春男）の死亡の日（戸籍に記載されている日）及び相続人の氏名（甲野一郎）並びに「相続」の旨を記載します。
　　さらに、第3次の被相続人（甲野一郎）の死亡の日（戸籍に記載されている日）及び「相続」の旨を記載してください。すなわち、この場合、登記原因及びその日付を連記することになります。
　　なお、その他の一般的な注意事項について、**Q15**を参照してください。

4　被相続人甲野太郎の相続関係説明図の記載例

　被相続人甲野太郎（遺産である不動産の登記名義人）から最終の相続人である

甲野和子までの相続関係について、下表のような相続関係説明図を提出すると、登記申請書に添付した登記原因証明情報として提出された戸籍全部（個人）事項証明書（戸籍謄抄本）、除籍全部事項証明書（除籍謄本）を返還してもらうことができます（原本還付の手続）。

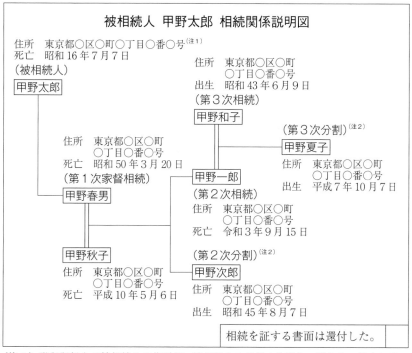

被相続人　甲野太郎　相続関係説明図

住所　東京都○区○町○丁目○番○号(注1)
死亡　昭和16年7月7日
（被相続人）
甲野太郎

住所　東京都○区○町○丁目○番○号
出生　昭和43年6月9日
（第3次相続）
甲野和子

（第3次分割）(注2)
甲野夏子
住所　東京都○区○町○丁目○番○号
出生　平成7年10月7日

住所　東京都○区○町○丁目○番○号
死亡　昭和50年3月20日
（第1次家督相続）
甲野春男

甲野一郎
（第2次相続）
住所　東京都○区○町○丁目○番○号
死亡　令和3年9月15日

甲野秋子
住所　東京都○区○町○丁目○番○号
死亡　平成10年5月6日

（第2次分割）(注2)
甲野次郎
住所　東京都○区○町○丁目○番○号
出生　昭和45年8月7日

相続を証する書面は還付した。

（注1）登記記録上の被相続人の住所が、被相続人の最後の住所と一致しない場合には、その間の住所の移転の経緯が分かる被相続人の本籍の記載のある住民票除票又は戸籍の附票等が必要となります。

（注2）（分割）とは、遺産分割協議の結果、甲野次郎（第2次分割）及び甲野夏子（第3次分割）が本件不動産を相続しなかったことを意味します。

5　所有権の保存の登記申請書の記載例

　戦前からの数次相続の場合、遺産である土地・建物の表題登記があるのみで、その所有権の登記がされていないものもある可能性があります。その場合は、土地・建物の所有権の保存登記をする必要があります。

　例えば、本問に即していえば、登記記録の表題部に所有者として記録され
ているＡ（甲野太郎）が死亡して、Ｂ（甲野春男）が家督相続したが、そのＢ
（甲野春男）も死亡して、Ｃ（甲野一郎）が相続し、更にＣ（甲野一郎）が死亡し
て、Ｅ（甲野和子）が相続したわけですが、このように数次に相続が行われ
た場合においても、最終の相続人名義に直接、所有権の保存の登記をするこ
とができます。この場合は、各数次の相続経過を明らかにするために、登記
申請書には、各被相続人の氏名を記載することとなります（髙妻新＝荒木文明
＝後藤浩平『全訂第三版補訂　相続における戸籍の見方と登記手続』（日本加除出版、
2022）184頁参照）。

　以下の登記申請書は、建物についての保存登記の申請書の記載例です。

登 記 申 請 書

登 記 の 目 的　　所有権保存
所　有　者　　　（被相続人　　　　甲野太郎）
　　　　　　　　（上記家督相続人　亡甲野春男）
　　　　　　　　（上記相続人　　　亡甲野一郎）
　　　　　　　　東京都○区○町○丁目○番○号
　　　　　　　　　　　　　甲　野　和　子[注1]
　　　　　　　　　　（住民票コード 00000000000）

添 付 情 報
　　相続証明書　　住所証明情報　　代理権限証書
　　□ 登記識別情報の通知を希望しません。

令和４年７月１日申請
東京法務局○○支局（出張所）

代　理　人　　　東京都○区○町○丁目○番○号
　　　　　　　　乙野　三郎　　㊞
　　　　　　　　連絡先の電話番号 03-○○○○-○○○○

課 税 価 格　　金 1,000 万円[注2]
登 録 免 許 税　金４万円[注3]
　不動産番号　0987654321012
　所　　　在　○区○町○丁目○番地
　家 屋 番 号　○番○
　種　　　類　居宅

```
構　　　造　　木造かわらぶき２階建
床　面　積　　１階　51.00平方メートル
　　　　　　　２階　22.12平方メートル
```

（注１）所有者として、所有権の保存の登記を申請する者を記載し、末尾に押印します（認印で結構です。）。この記載は、本来、登記記録（登記事項証明書）の表題部に記録されている所有者の記録と一致している必要があるので、本件申請のように、これが一致していない場合には、登記記録上の氏名及び住所から現在のものまでの変更の経緯が分かる住民票の写し又は戸籍全部事項証明書（戸籍謄抄本）、遺産分割協議書等を添付する必要があります。

（注２）登録免許税の課税標準の金額は、市町村役場で管理されている固定資産課税台帳に登録された価格がある場合にはその価格によります。固定資産課税台帳に登録された価格がない場合には、登記官が認定した価額になりますので、その不動産を管轄する法務局にお問い合わせください。

　　なお、この金額に1,000円未満の端数がある場合はその端数は切り捨て、その全額が1,000円に満たない場合は1,000円になります。

（注３）登録免許税額は、原則として、上記課税価格の1000分の４とされています。なお、表題部所有者の相続人が受ける所有権の保存登記については、少額な土地（不動産の価額が100万円以下の土地）につき、令和７年３月31日までの間に受ける当該登記の登録免許税の免税措置があります（**FOCUS 9**参照。なお、詳細は法務局等にお問い合わせください。）。

🔍 FOCUS 10 │ 相続等により取得した不用土地について国庫に帰属させる制度（いわゆる「相続土地国庫帰属法」）について

1 相続等により取得した負の遺産の整理問題

　法律相談を受けていますと、相続等により取得した不動産の所有権の放棄をして、国に返還したいという相談をよく受けます。例えば、

①　親から二十数年前に別荘地である土地の相続を受け、それ以来固定資産税を払い続けているが、売却の見込みは全くなく、負の遺産となっている。自分の死後、子どもたちに当該土地の相続をさせたくないので、何とか当該土地の所有権を放棄する方法はないか。

②　十数年前に親から山林を相続し、それ以来、毎年固定資産税を支払っているが、当該山林を所有していても、使い道が全くないし、売却の見込みもない。自分の死後、子どもたちにも相続させたくないので、できたら、当該山林の所有権を放棄したいが、その方法はないか。

などという相談です。

　相談者の皆様にとって切実な問題となっていますが、この度、土地所有権の国庫への帰属を認める制度が創設され、相続等により取得した土地所有権を国庫に帰属することを求めることができるようになります。

　その法律の概要を説明します。

2 土地所有権の国庫への帰属を認める制度の創設

　「相続等により取得した土地所有権の国庫への帰属に関する法律」（以下「本法律」という。なお、本法律は、一般に「相続土地国庫帰属法」と呼ばれている。）は、社会経済情勢の変化に伴い所有者不明土地（相当な努力を払ってもなおその所有者の全部又は一部を確知することができない土地をいう。）が増加していることに鑑み、相続又は遺贈（相続人に対する遺贈に限る。）（以下「相続等」という。）により土地の所有権又は共有持分を取得した者等がその土地の所有権を国庫に帰属させることができる制度を創設し、もって所有者不明土地の発生の抑制を図ることを目的とするものです（本法律1条）。

　すなわち、近年、人口減少により土地の需要が縮小し、価値が下落する土地が増加する傾向にあるとともに、売却や賃貸もできない土地も増加する傾向にあります。特に、超高齢社会を迎え、土地所有者について相続が発生し

たときには、遺産共有状態になったり相続の放棄がされたりして管理不全土地が発生し、また、相続登記もされないまま放置状態となり、所有者不明土地が多く発生することが懸念されています。一方、民法239条2項は、「所有者のない不動産は、国庫に帰属する。」と規定していますが、土地所有権の放棄については、現行民法に規定がなく、確立した最高裁判例も存在せず、その可否は判然としない状況にあります。

　このような状況を踏まえて、新たに本法律を制定し、相続等により土地の所有権又は共有持分を取得した者等は、法務大臣に対し、一定の要件を満たすことを条件として、その土地の所有権を国庫に帰属させることについての承認を求めることができる制度を創設しました。

　本法律は、令和3年4月21日に国会で可決・成立し（令和3年法律第25号。公布日は同年4月28日）、令和5年4月27日から施行されます。

[土地の所有権の国庫への帰属の承認等に関する制度の創設理由等]

超高齢社会を迎え、
- 相続による管理不全土地の発生
- 相続登記手続の放置状態による所有者不明土地の増加の懸念

所有者不明土地等の発生防止のため、「相続等により取得した土地所有権の国庫への帰属に関する法律」の制定（令和5年4月27日施行）

3　承認申請の主体及び承認申請をすることができない土地等

(1)　国庫帰属の承認申請の主体

　法務大臣に対する国庫帰属の承認申請主体は、①相続等により土地の所有権の全部又は一部を取得した者、及び②その土地が数人の共有に属する場合には、共有者のいずれかがその持分の全部又は一部を相続等により取得した者であって、それらの共有者が全員で共同して承認の申請を行うときに限り、その申請主体となることができます（本法律2条1項・2項）。

　当該申請主体は、「相続」又は「相続人に対する遺贈」によって土地の所有権又は共有持分を取得した者です（なお、共有の場合は、共有者全員が承認申請することを要する。）。したがって、例えば、売買により土地の所有権を取得した者は、当該申請をすることはできません。

　なお、承認申請者は、所定の承認申請書・添付書類の提出とともに、所定の審査手数料を納付する義務があります（本法律3条）。

　(2)　承認申請をすることができない土地

　本法律2条3項は、承認申請をすることができない土地として、以下の5類型の土地を挙げています。

①　建物の存する土地

②　担保権又は使用及び収益を目的とする権利が設定されている土地

③　通路その他の他人による使用が予定される土地として政令で定めるものが含まれる土地

④　土壌汚染対策法2条1項に規定する特定有害物質（法務省令で定める基準を超えるものに限る。）により汚染されている土地

⑤　境界が明らかでない土地その他の所有権の存否、帰属又は範囲について争いがある土地

4　法務大臣による承認申請の却下事由と法務大臣の却下通知

　本法律4条1項は、法務大臣による承認申請の却下事由として、①承認申請が申請権限を有しない者の申請によるとき（1号）、②承認申請が本法律2条3項（承認申請をすることができない土地）又は本法律4条（承認申請書の提出要件及び審査手数料の納付）の規定に違反するとき（2号）、③承認申請者が、正当な理由がないのに、本法律6条（法務局職員による事実の調査）の規定による調査に応じないとき（3号）を定めています。

　また、法務大臣は、上記承認申請を却下したときは、遅滞なく、承認申請者に却下の通知をすることを要します（本法律4条2項）。

5　法務大臣の承認義務の要件（5つの不承認事由の不存在）

　本法律5条1項は、法務大臣は、以下の5つの事由のいずれにも該当しないと認めるときは、その土地の所有権の国庫への帰属についての承認をしなければならないことを規定しています。したがって、当該5つの不承認事由がない限り、法務大臣は承認する義務を有します。

①　崖（勾配、高さその他の事項について政令で定める基準に該当するものに限る。）がある土地のうち、その通常の管理に当たり過分の費用・労力を要するもの

②　土地の通常の管理・処分を阻害する工作物、車両又は樹木その他の有

体物が地上に存する土地

③　除去しなければ土地の通常の管理・処分をすることができない有体物が地下に存する土地

④　隣接する土地の所有者その他の者との争訟によらなければ通常の管理・処分をすることができない土地として政令で定めるもの

⑤　前各号に掲げる土地のほか、通常の管理・処分をするに当たり過分の費用又は労力を要する土地として政令で定めるもの

　なお、法務大臣の承認は、土地の一筆ごとに行う必要があります（同条2項）。

6　職員の事実調査権

　本法律6条は、①法務大臣は、承認申請の審査のため必要があると認めるときは、その職員に事実の調査をさせることができること（職員の事実調査権。1項）、②前項の規定により事実調査をする職員は、承認申請土地等の実地調査をすること、承認申請者等から事実聴取をし又は資料提出を求めるなど、審査のために必要な調査をすることができること（土地の実地調査権、関係者からの事実聴取権・資料提出請求権等の必要な調査権。2項）、③法務大臣は、その職員が承認申請地等の実地調査をする場合において、その必要の限度で、職員に他人の土地に立ち入らせることができること（職員の立入権。3項）などを規定しています。

　これは、承認申請地が、本法律3条3項及び5条1項の各規定の土地に該当するか否かを法務大臣が判断するためには、その職員が実地調査等を行う必要があることに基づきます。

7　承認・不承認の通知、負担金の納付及び国庫帰属の時期

　(1)　法務大臣による承認・不承認の通知義務

　本法律9条は、法務大臣が本法律5条1項の承認をし、又はしないこととしたときは、法務省令で定めるところにより、その旨を承認申請者に通知しなければならないことを規定しています。

　これにより、法務大臣は、承認・不承認の通知義務を有します。

　なお、法務大臣は、この承認の通知の際、後記のとおり、本法律10条2項に従い、併せて負担金の額も通知する義務があります。

　(2)　承認申請者による負担金の納付

　本法律10条1項は、承認申請者が上記承認があったときは、当該承認土地につき、国有地の種目ごとにその管理に要する10年分の標準的な費用の額を考慮して政令で定めるところにより算定した額の金銭（以下「負担金」という。）を納付する義務があること、同条2項は、上記のとおり、法務大臣は、上記承認をしたときは、上記承認の通知の際、法務省令で定めるところにより、併せて負担金の額を通知する義務があること、同条3項は、承認申請者が上記負担金の額の通知を受けた日から30日以内に、法務省令で定める手続に従い、負担金を納付しないときは、上記承認の効力を失うことを規定しています。

　このように、同条1項は、承認を受けた者の負担金の額につき、国有地の種目ごとにその管理に要する10年分の標準的な費用の額を考慮して政令で定めるところにより算出した額としています。

　なお、現状の国有地の標準的な管理費用（10年分）は、粗放的な管理で足りる原野では約20万円、市街地の宅地（200m²）では約80万円ということです（法務省の資料）。

　そして、この負担金の額は、法務大臣の承認通知書に記載されますし（同条2項）、また、承認申請者が当該負担金の額の通知を受けた日から30日以内に、法務省令で定める手続に従い、負担金を納付しないときは、上記承認の効力を失うことになる（同条3項）ので、注意を要します。

8　国庫帰属の時期（承認申請者による負担金の納付時）等

　本法律11条1項は、承認申請者が負担金を納付した時において、承認土地の所有権が国庫に帰属することを規定し、同条2項は、法務大臣は、当該承認に係る土地の所有権が国庫に帰属したときは、直ちに、その旨を財務大臣（当該土地が主に農用地又は森林として利用されていると認められるときは、農林水産大臣）に通知する義務があることを規定しています。

　同条1項による所有権の国庫への帰属は、承継取得であることから、承認申請者が無権利者であった場合には、承継の効果を生じません。

　なお、承認申請者が偽りその他不正の手段により5条1項の承認を受けたことが判明したときは、法務大臣はその承認を取り消すことができ（本法律13条1項）、また、承認を受けた者が、当該承認時に、2条3項各号又は5条1項各号のいずれかに該当する事由があることを知りながら告げなかったときは、国に損害賠償責任を負います（本法律14条）。

[承認を受けた者の負担金の納付義務と国庫帰属の時期との関係]

① 　承認を受けた者は、承認土地につき、国有地の標準的な10年分の管理費用を考慮して算出した負担金の納付義務がある（本法律10条1項）。

② 　当該負担金は、負担金の額の通知を受けた日から30日以内に納付しない時は法務大臣の承認の効力を失う（同条3項）。

③ 　承認土地の国庫への帰属時期は、上記負担金の納付時（本法律11条1項）。

Q19 | 相続税法における相次相続控除（税額控除）

> 　5年2か月前に祖父Aが死亡して、その相続において父Bが相続税を納税しました。ところが、今度は、父Bが死亡し、子Cが父Bの相続において相続税を納税しなければなりませんが、この場合、相続税法において何か税額控除が認められていますか。

 　この場合、相続税法において相次相続の税額控除が認められています。これを「相次相続控除」といいます。

　相次相続控除とは、今回の相続開始前10年以内に被相続人（父B）が相続、遺贈や相続時精算課税に係る贈与によって財産を取得し相続税が課せられていた場合には、その被相続人（父B）から相続、遺贈や相続時精算課税に係る贈与によって財産を取得した人（子C。なお、相続人に限る。）の相続税額から一定の金額を控除することをいいます（相続税法20条）。相次相続控除の計算方法等については、解説を参照してください。

［相次相続控除のイメージ図］

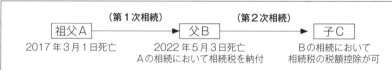

※1　相次相続控除の制度

　　相次相続控除の制度は、本問のように相続が相次いで行われた場合、相続税の負担が過重にならないようにするため、前回の相続税額（父Bの相続税の納税額）のうち、一定の相続税額（1年につき10％の割合で逓減した後の金額）を控除しようとするものである。

　　つまり、本問の例では、父Bの相続税額の一定額を子の申告する相続税額から控除しようとするものであり、第1次相続から第2次相続までの期間が短ければ短いほど控除額が大きくなる仕組みになっている。

　2　相次相続控除の要件（本問の例による）

①　祖父Aの死亡日（2017年3月1日）から父Bの死亡日（2022年5月3日）までの期間が10年以内であること

②　祖父Aの相続（第1次相続）について、父Bが相続税を課税されていること

③　父Bの相続（第2次相続）について、子Cがその相続人として相続税を申告・納付する必要があること

解　説

1　相次相続控除とは

　相次相続控除とは、今回の相続開始前10年以内に被相続人（本問では父B）が相続、遺贈や相続時精算課税に係る贈与によって財産を取得し相続税が課せられていた場合には、その被相続人（父B）から相続、遺贈や相続時精算課税に係る贈与によって財産を取得した人（本問では子C。なお、相続人に限る。）の相続税額から一定の金額を控除することをいいます（相続税法20条）。

　ところで、数次相続において、例えば、本問の例でいうと、祖父Aの相続（第1次相続）について遺産分割協議が調わないうちに、相続人である父Bが死亡した場合、父Bの相続人Cは、祖父Aの相続につき、父Bの兄弟姉妹等（祖父Aの他の相続人）と遺産分割協議をして、父B（第2次相続の被相続人）の取得財産を確定させた上で、その財産につき子C（第2次相続の相続人）の相続税額を計算することになります。

　また、第1次相続において相続税の申告期限までに遺産分割が未了の場合でも、遺産を法定相続分の割合で取得したものとしてその課税価格を計算し、相続税の申告・納付を行うことになりますが（相続税法55条本文）、その後、祖父Aの相続（第1次相続）について遺産分割が確定した場合において、法定相続分の割合で取得したものとして計算されていた課税価格と実際の遺産分割により取得した財産の課税価格が異なるときは、相続税の修正申告あるいは更正の請求をすることになります（相続税法55条ただし書）。

　このように数次相続においても、相次相続控除が問題となります。

2　相次相続控除の要件

相次相続控除を受けるには、以下の三つの要件を満たす必要があります。

(1)　第2次相続の相続人であること

第2次相続（父B）の相続人でなければ相次相続控除を受けることはできません。相続の放棄をした人及び相続権を失った人が、たとえ遺贈（遺言による贈与）により財産を取得しても、相次相続控除を受けることはできません。

(2)　その相続の開始前10年以内に開始した相続により被相続人が財産を取得していること

第1次相続（祖父Aの相続）が開始してから第2次相続（父Bの相続）が開始するまでの期間が10年以内であることを要し、また、第1次相続の相続人（父B）が第1次相続において財産を取得していることを要します。

(3)　第1次相続の相続人（第2次相続の被相続人）が相続税を課税されていること

第1次相続の相続人（父B＝第2次相続の被相続人）が第1次相続（祖父Aの相続）で財産を取得して、相続税を課税されていることを要します。

したがって、第1次相続で財産を取得しても、相続税を課税されていなければ、相次相続控除は適用されません。

3　相次相続控除の計算方法等

(1)　計算方法

相次相続控除は、第1次相続（祖父Aの相続）において課税された相続税額のうち、1年につき10パーセントの割合で逓減した後の金額を第2次相続（父Bの相続）に係る相続税額から控除しようというものです。すなわち、第1次相続から第2次相続までの期間が短ければ短いほど控除額が大きくなる仕組みになっています。

各相続人の相次相続控除額は、次の算式により計算した金額です（相続税法基本通達20−3）。

[相次相続控除額の計算式]

計算式：各相続人の相次相続控除額＝$A \times \dfrac{C^{(\text{注})}}{(B-A)} \times \dfrac{D}{C} \times \dfrac{(10-E)}{10}$

Ａ：第２次相続の被相続人（父Ｂ）が第１次相続の際に課せられた相続税額
　　当該相続税額は、相続時精算課税分の贈与税額控除後の金額をいい、その
　被相続人（父Ｂ）が納税猶予の適用を受けていた場合の免除された相続税額
　並びに延滞税、利子税及び加算税の額は含まない。
Ｂ：第２次相続の被相続人（父Ｂ）が第１次相続の際に取得した純資産価額
　（取得財産の価額＋相続時精算課税適用財産の価額－債務及び葬式費用の金
　額）
Ｃ：第２次相続の相続人及び受遺者の全員が相続、遺贈、相続時精算課税に
　係る贈与によって財産を取得した純資産価額の合計額
Ｄ：第２次相続により、その相続人（子Ｃ）が取得した純資産価額
Ｅ：第１次相続開始時から第２次相続開始時までの期間（１年未満の期間は
　切捨て）

（注）算式中の「C／（B－A）」が100分の100を超えるときは、100分の
　　100とする。
※なお、被相続人から相続、遺贈や相続時精算課税に係る贈与によって財産を
　取得した人のうちに農業相続人がいる場合は、一部の計算が異なるので、詳
　細は税務署等にお問い合わせください。

（2）　具体的な計算方法

　ア　問題

祖父Ａが５年２か月前に死亡し、この度父Ｂも死亡しました。

なお、関係者の相続財産及び相続税の納税額は以下のとおりです。

　　①　父Ｂが祖父Ａから相続した純資産価額（相続した財産から債務・葬式費
　　　用を控除した額）は２億5,000万円で、父Ｂの相続税の課税額3,000万
　　　円（納付済み）
　　②　今回、亡父Ｂから相続人全員が相続する全体の純資産価額は３億円
　　③　子Ｃの今回の相続する純資産価額は１億円で相続税額は1,000万円
　　④　祖父Ａの死亡から父Ｂの死亡までの経過年数は５年（５年２か月ある

が、1年未満は切捨て）

イ　子Cの相次相続控除額の計算

以下の計算式により、子Cは、その相続税額から500万円の相次相続控除（税額控除）を受けることができます。

$$3,000万円 \times \frac{3億円}{(2億5,000万円-3,000万円)}^{（注）} \times \frac{1億円}{3億円} \times \frac{(10-5)}{10} = 500万円$$

（注）「3億円／（2億5,000万円−3,000万円）」の部分は、求めた割合が100/100を超えるため、100/100で計算する。

4　相次相続控除等についての留意事項

(1)　第1次相続の遺産分割が未了の場合における相次相続控除の適用の有無（適用有り）

相続税の申告・納付期限は、相続開始を知った日の翌日から10か月以内です（相続税法27条1項、33条）。また、相続税の申告をすべき者が申告期限前に申告をしないで死亡したときは、その相続人（包括受遺者を含む。）は、その相続（つまり、第2次相続）の開始があったことを知った日の翌日から10か月以内に、その死亡した者に係る申告・納付をしなければなりません（相続税法27条1項、33条、国税通則法5条1項）。

そこで、本問の例において、父Bが祖父Aの相続（第1次相続）に関する相続税の申告期限前に遺産分割が未了のまま申告をしないで死亡した場合には、子Cは、父Bの死亡を知った日の翌日から10か月以内に、祖父Aの相続（第1次相続）に関する父Bの相続税の申告・納付を行うとともに、父Bの相続（第2次相続）に関する子Cの相続税を申告・納付することになります。

そして、相続税の計算をする際、相次相続控除の要件を満たしていれば、その適用を受けることができます（藤曲武美監修『法律実務家のための親族・相続・渉外家事の税務』（日本加除出版、2013）251頁以下参照）。

なお、相続税の申告期限までに遺産分割が未了の場合でも、上記のとおり、

遺産を法定相続分の割合で取得したものとしてその課税価格を計算し、相続税の申告・納付を行うことになります（相続税法55条本文）。その後、実際の遺産分割により取得した財産の課税価格に基づく納税額と差異が生じた場合には、相続税の修正申告あるいは更正の請求をすることになります（相続税法55条ただし書）。

　そして、法定相続分の割合で取得したものとしてその課税価格を計算し、相続税の計算をする際、相次相続控除の要件を満たしていれば、その適用を受けることができます。

(2)　相次相続控除の適用の要件として第1次相続の相続人が相続税を課税されていること

　相次相続控除の適用を受けるためには、上記のとおり、第1次相続の相続人（第2次相続の被相続人）が相続税を課税されていることを要件とします。

　したがって、例えば、妻が相続人で財産を取得しても、配偶者の税額軽減の特例の適用を受けて、相続税を課税されない場合には、相次相続控除を受けることはできません。

　なお、ここで、配偶者の税額軽減の特例とは、配偶者が相続等により取得した課税価格が、①1億6,000万円までか、あるいは、②配偶者の法定相続分相当額までは、相続税が掛からないという特例のことです（相続税法19条の2。なお、この点については、**Q20**参照）。

［配偶者の税額軽減の特例］

相続税が掛からない場合　→　① 1億6,000万円　② 配偶者の法定相続分相当額　｝いずれか多い方

(3)　第1次相続の遺産分割未了の間に被相続人の配偶者が死亡した場合における当該配偶者の税額軽減特例の適用の有無（適用有り）

　第1次相続における遺産が未分割のうちにその被相続人の配偶者が死亡した場合、第1次相続につき配偶者に対する相続税額の軽減を受けられるかが

問題となりますが、相続税法基本通達では、第1次相続の配偶者以外の共同相続人又は包括受遺者及び当該配偶者の死亡に基づく相続に係る共同相続人又は包括受遺者によって分割され、その分割により当該配偶者の取得した財産として確定させたものがあるときは、その財産は第1次的に配偶者が取得したものとして配偶者に対する税額軽減特例が適用されるとしています（相続税法基本通達19の2-5）。

　したがって、遺産分割協議書には、死亡配偶者が特定の財産を取得した旨明記すべきです。家事審判の場合では、裁判所が死亡配偶者の取得分を定めず審判をすることがあるので、死亡配偶者の取得分を求める旨申立てをしておくのがベターだと考えられます（東京弁護士会編著『新訂第8版　法律家のための税法〔民法編〕』（第一法規、2022）453頁以下）。

　上記相続税法基本通達19の2-5の注書きでは、家事審判・調停において当該配偶者の具体的相続分のみが金額又は割合によって示されているにすぎないときであっても、当該配偶者の共同相続人又は包括受遺者の全員の合意により、当該配偶者の具体的相続分に対応する財産として特定させたものがあるときは、配偶者に対する税額軽減特例が適用されるとしています。

(4)　第3次相続と相次相続控除の適用の有無

　これは、10年間に3回相続が発生した場合において、第3次相続の相続人が第1次相続の相続人（第2次相続の被相続人）が納付した相続税を控除できるかという問題です。

　例えば、①曽祖父Aが死亡し（第1次相続）、その相続人である祖父Bが相続税を納付し、次いで、②祖父Bが死亡し（第2次相続）、父Cが相続税を納付し、さらに、③父Cが死亡した場合（第3次相続）に、父Cの相続人である子Dが、父Cの相続（第3次相続）の相続税の申告において、第1次相続の相続人（第2次相続の被相続人）である祖父Bが納付した曽祖父Aの相続（第1次相続）の相続税を控除することができるかという問題です（下表参照）。

　結論から言いますと、子Dが曽祖父Aの相続（第1次相続）の相続税を控除することはできません。ただし、子Dは、相続税法20条（相次相続控除）により、父Cが納付した祖父Bの相続（第2次相続）の相続税を控除することは

できます。

　この点につき、相続税法基本通達20−4は、「法（筆者注：相続税法）第20条の規定は、第2次相続に係る被相続人がその相続の開始前10年以内に開始した相続（被相続人からの相続人に対する遺贈を含む。）によって取得した財産（当該相続に係る被相続人からの贈与により取得した財産で相続時精算課税の適用を受けるものを含む。）につき課せられた相続税額について適用があるのであって、第2次相続に係る被相続人の被相続人が納付した相続税額については適用がないのであるから留意する。」と規定しています。同通達の趣旨は、第3次相続の相続人（子D）は、直前の第2次相続の相続税（父Cが納付した祖父Bの相続の相続税）のみを控除でき、第1次相続の相続税（祖父Bが納付した曽祖父Aの相続の相続税）は控除できないということです。

［第3次相続と相次相続控除の適用の可否］

※Q　子Dは、祖父Bが納付した曽祖父Aの相続（第1次相続）の相続税を控除することができるか。
　A　できない。ただし、子Dは、父Cが納付した祖父Bの相続（第2次相続）の相続税を控除することはできる。

FOCUS 11 | 平成 27 年 1 月 1 日以後の相続等についての相続税法等の大改正点

1　序論

　数次相続においては、第1次相続、第2次相続、第3次相続等の各被相続人ごとに相続税の計算をすることになります。しかも、これら被相続人の各死亡当時の相続税法や租税特別措置法等によらなければならないことになります。

　ところで、平成27年1月1日以後に相続、遺贈又は贈与により取得する財産に係る相続税及び贈与税について、相続税法及び租税特別措置法の一部が改正（平成25年度税制改正）され、相続税は、遺産に係る基礎控除額が引き下げられ、相続税率も最高税率等が引き上げられるなどしました。

　以下、主要な改正点を挙げます。

　なお、数次相続においては、同改正前の相続税法等が適用される被相続人もいるものと思われます。

2　相続税法の主な改正点

(1)　遺産に係る基礎控除額

　「課税遺産総額」は、「正味遺産額」から「遺産に係る基礎控除額」を控除して算出しますが、「遺産に係る基礎控除額」は、次のような算式になります。

$$\boxed{\text{遺産に係る基礎控除額}} = \boxed{3{,}000\text{万円}} + \boxed{600\text{万円}} \times \boxed{\text{法定相続人の数}}^{(注)}$$

　被相続人に妻と子ども2人がいた場合、遺産に係る基礎控除額は、4,800万円（3,000万円＋600万円×3人）ということになります。そして、遺産額が4,800万円を超えなければ、相続税は掛からないことになり、相続税の申告も不要です。

　なお、平成26年12月31日以前の相続における基礎控除額は、「5,000万円＋1,000万円×法定相続人の数」で計算されていました。

　このように、平成27年1月1日以後の相続については、基礎控除額が40%減少することになりました。

（注）養子の数の制限

　民法上は養子の数に制限はありませんが、相続税法上は養子の数が制限され、①被相続人に実子がいる場合は、養子は1人のみ、②被相続人に実子がいない場合は、養子は2人までが法定相続人の数に算入されます（相続税法15条2項。なお、特別養子縁組による養子は、実子とみなされます（同条3項）。）。

（2）　相続税の税率構造（最高税率等の引上げ）

[相続税の速算表（改正前）]

法定相続分に応ずる取得金額	税率	控除額
1,000万円以下	10%	―
3,000万円以下	15%	50万円
5,000万円以下	20%	200万円
1億円以下	30%	700万円
3億円以下	40%	1,700万円
3億円超	50%	4,700万円

[相続税の速算表]（現行）

法定相続分に応ずる取得金額	税率	控除額
1,000万円以下	10%	―
3,000万円以下	15%	50万円
5,000万円以下	20%	200万円
1億円以下	30%	700万円
2億円以下	40%	1,700万円
3億円以下	45%	2,700万円
6億円以下	50%	4,200万円
6億円超	55%	7,200万円

[相続税の簡易計算表（相続税額の目安）]

　以下の表は、相続人全員で幾らの相続税額を負担するかの目安となるものです。

　なお、①の表は、配偶者が法定相続分（子と相続する場合は2分の1）を取得するものとし、相続税額をゼロ（配偶者の税額軽減の特例）として計算したものです。

① ［相続人が配偶者と子の場合］

(単位：万円)

遺産総額	子の人数（配偶者も相続人）			
	子1人		子2人	
	改正前	現行	改正前	現行
5,000万円	0	40	0	10
8,000万円	50	235	0	175
1億円	175	385	100	315
2億円	1,250	1,670	950	1,350
3億円	2,900	3,460	2,300	2,860
5億円	6,900	7,605	5,850	6,555

② ［相続人が子のみの場合］

(単位：万円)

遺産総額	子の人数			
	子1人		子2人	
	改正前	現行	改正前	現行
5,000万円	0	160	0	80
8,000万円	250	680	100	470
1億円	600	1,220	350	770
2億円	3,900	4,860	2,500	3,340
3億円	7,900	9,180	5,800	6,920
5億円	17,300	19,000	13,800	15,210

(3) 税額控除の引上げ

ア 未成年者控除の控除額の引上げ

（改正前）
20歳まで（2022年4月1日以降の相続については18歳まで）の1年につき、6万円

（改正後）
20歳まで（2022年4月1日以降の相続については18歳まで）の1年につき、**10万円**

例えば、相続人が16歳の場合、未成年者控除額は、2022年3月31日以前は40万円（10万円×(20−16)）、2022年4月1日以降は20万円（10万円×(18−16)）となります。

イ 障害者控除額の控除額の引上げ

（改正前）
85歳までの1年につき、6万円（特別障害者12万円）

（改正後）
85歳までの1年につき、**10万円（特別障害者20万円）**

3 贈与税の主な改正点（贈与税の税率構造）

贈与税（暦年課税）においては、改正後は、①20歳以上（2022年4月1日以降の贈与については18歳以上）の者（受贈時の年の1月1日時点）

が直系尊属（父母・祖父母等）から贈与により財産を取得した場合には、「特例税率」を適用し（特例税率の適用がある財産のことを「特例贈与財産」という。）、また、②この特例税率の適用のない贈与財産（「一般贈与財産」という。）については「一般税率」が適用されます。なお、改正により、特別税率（一般税率より軽減）が設けられ、また、最高税率が引き上げられています。

[贈与税の速算表]

基礎控除後 の課税価格	（改正前）		（改正後）一般税率		（改正後）特別税率	
	税率	控除額	税率	控除額	税率	控除額
200万円以下	10%	―	10%	―	10%	―
300万円以下	15%	10万円	15%	10万円	15%	10万円
400万円以下	20%	25万円	20%	25万円		
600万円以下	30%	65万円	30%	65万円	20%	30万円
1,000万円以下	40%	125万円	40%	125万円	30%	90万円
1,500万円以下	50%	225万円	45%	175万円	40%	190万円
3,000万円以下			50%	225万円	45%	265万円
4,500万円以下			55%	400万円	50%	415万円
4,500万円超					55%	640万円

贈与税額の計算は、以下のようになります（贈与税の基礎控除額は、毎年110万円）。

$$贈与税額 = \left(\begin{array}{c}1月1日から\\12月31日ま\\での1年間に\\贈与を受けた\\財産の合計額\end{array} - \begin{array}{c}基礎\\控除額\end{array}\right) \times 税率 - \begin{array}{c}上記贈与税\\の速算表の\\控除額\end{array}$$

例えば、1年間に800万円の一般贈与財産の贈与を受けた場合における贈与税額は、（800万円－110万円）×40%－125万円＝151万円となります。

20 | 配偶者の税額軽減の特例と第 1 次・第 2 次相続全体の相続税額との関係

⑴　配偶者には、相続税について優遇措置がありますか。

⑵　被相続人である父Ａには遺産が 1 億 5,000 万円あります。相続人は、母Ｂと子Ｃだけです。その後、母Ｂが死亡して、子Ｃが相続したとします。

　この場合、①父Ａの相続（第 1 次相続）において、配偶者税額軽減の特例を利用して、母Ｂが父Ａの遺産 1 億 5,000 万円全額を単独相続し、その後母Ｂが死亡した際（第 2 次相続）に、子Ｃが母の遺産 1 億 5,000 万円全額を相続した場合と、②父Ａの相続（第 1 次相続）において、母Ｂと子Ｃが遺産 1 億 5,000 万円を法定相続分に従って、7,500 万円ずつ相続し、その後、母Ｂが死亡した際（第 2 次相続）に、子Ｃが母Ｂの遺産 7,500 万円を相続した場合とで、第 1 次相続及び第 2 次相続を通じて全体の相続税の負担に違いがありますか。

A　⑴　「配偶者の税額軽減の特例」があります。この特例は、配偶者が相続等により取得した課税価格の合計額が、① 1 億 6,000万円までか、あるいは、②配偶者の法定相続分相当額までは、相続税が掛からないという特例のことです。

　なお、この特例の適用を受けるには、相続税の申告が条件となるので、注意を要します。

　⑵　この場合の相続税額の計算方法については、解説を参照してください。結論をいいますと、上記②の方が第 1 次相続と第 2 次相続を通じての合計相続税額が少額となります。

　したがって、相続税対策は、第 2 次相続まで考慮した対策が必要となりますが、残された配偶者の余命は未知ですので、第 1 次相続においては、やはり配偶者の老後の生活保障等にも配慮した遺産分割協議を行うことが

重要であると考えられます。

[本問の関係図]

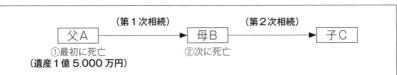

※1 配偶者の税額軽減の特例とは

　　　配偶者が相続等により取得した課税価格が、①1億6,000万円までか、あるいは、②配偶者の法定相続分相当額までは、相続税が掛からないという特例をいう。

　2　第1次相続及び第2次相続を通じての全体の相続税の負担の多寡

　　　以下の①と②のケースとで、父Aと母Bの死亡を通じて全体の相続税額に違いが生じるか。→結論：②の方の相続税額が少額である。

　①　父Aの相続（第1次相続）において、配偶者税額軽減の特例を利用して、母Bが父Aの遺産1億5,000万円全額を単独相続し、その後母Bが死亡した際（第2次相続）に、子Cが母の遺産1億5,000万円全額を相続した場合

　②　父Aの相続（第1次相続）においての遺産1億5,000万円を法定相続分に従って、7,500万円ずつ相続し、その後、母Bが死亡した際（第2次相続）に、子Cが母Bの遺産7,500万円を相続した場合

解　説

1　配偶者の税額軽減の特例（相続税の申告が条件）

(1)　配偶者の税額軽減の特例とは

　配偶者の税額軽減の特例とは、被相続人の配偶者が相続や遺贈により取得した課税価格の合計額が①1億6,000万円までか、②1億6,000万円を超えていても、配偶者の法定相続分相当額までであれば、相続税が掛からないという特例のことをいいます（相続税法19条の2）。この特例は、配偶者が遺産分割等で実際に所得した財産を基に計算されます。また、ここで「配偶者」とは、婚姻の届出をしている者に限り、内縁関係にあるものは含みません

（相続税法基本通達19の2－2）。

　この特例は、配偶者が被相続人の財産形成に寄与していることと、配偶者の老後の生活保障を図るために認められた制度です。

　例えば、正味の遺産額が1億円ある場合に配偶者が全額相続したとしても、配偶者には相続税が掛かりません（理由：最低保障額の1億6,000万円以内）。また、正味の遺産額が6億円ある場合に配偶者が半額の3億円を相続したとしても、配偶者には相続税が掛かりません（理由：法定相続分（2分の1）相当額内）。

［配偶者の税額軽減特例］

(2)　特例適用の要件等

　配偶者の税額軽減の特例を受けるには、この特例の適用により相続税が掛からない場合でも、相続税の申告書（修正申告書、更正請求書を含む。）を提出することを要し、また、当該申告書に、その適用を受ける旨及び税額軽減額の計算明細を記載した「配偶者の税額軽減額の計算書」（申告書第5表）等を添付することを要します。

　また、この特例を受けるには、相続税の申告期限までに遺産が分割されている必要があり、未分割の場合には法定相続分で申告し、相続税の申告書又は更正の請求書に「申告期限後3年以内の分割見込書」を添付した上で、相続税の申告期限から3年以内に遺産の分割をしたときは、この特例の適用を受けることができます。

　ただし、相続税の申告期限から3年を経過する日までに分割ができないやむを得ない事情（例えば、訴訟などやむを得ない場合）があり、税務署長の承認を受けた場合で、その事情がなくなった日の翌日から4か月以内に分割されたときも、この特例の適用を受けることができます。

　なお、配偶者が遺産分割前に死亡した場合においても、その配偶者の相続人を含む全相続人の協議により配偶者の相続分とされた遺産があるときは、その遺産も税額軽減の特例の対象になります（相続税法基本通達19の2−5）。

2　第1次相続、第2次相続及び配偶者の税額軽減の特例の適用

(1)　第1次相続と第2次相続

　一般に、両親の一方が死亡して（第1次相続）、初めて相続や相続税の対応に追われ、次いで、その後残された親が死亡して（第2次相続）、再度相続や相続税の対応をすることになります。

　この場合、第1次相続において、第2次相続をも考慮に入れて、全体としての納税額を考慮しながら、遺産分割協議を行うことが得策であると考えられます。

　これには、上記の配偶者の税額軽減の特例の適用が関係します。

(2)　本問(2)①及び②の各相続税額の計算

　相続税額の計算は、平成27年1月1日以降に適用される相続税率や遺産に係る基礎控除額によって計算することとします。

ア　本問(2)①の相続税額の計算

(ア)　第1次相続における相続税額

　母Bが配偶者税額軽減の特例を最大限に利用して、父Aの遺産1億5,000万円全部を単独相続し、子Cは何ら相続しない場合です。

　母Bの相続による課税価格は1億5,000万円であり、配偶者の税額軽減の特例により、1億6,000万円まで相続税が掛からないので、母Bの納税額は0円です。

(イ)　第2次相続における相続税額

　子Cが母Bの遺産1億5,000万円全部を相続する場合ですが、子Cの納税額は、以下の算式により2,860万円となります。

　{1億5,000万円−（3,000万円＋600万円）}×0.4−1,700万円＝2,860万円

(ウ)　第1次相続と第2次相続の合計相続税額

合計相続税額は 2,860 万円（0 円＋2,860 万円）となります。

イ　本問(2)②の相続税額の計算

㊀　第 1 次相続における相続税額の計算

母 B と子 C が父 A の遺産 1 億 5,000 万円を 2 分の 1（7,500 万円）ずつ相続した場合です。

この場合、母 B の納税額は、配偶者の税額軽減の特例の適用を受けることにより 0 円です。

これに対し、子 C の納税額は、以下の算式により、920 万円となります。

- ｛1 億 5,000 万円－(3,000 万円＋600 万円×2)｝×1/2＝5,400 万円
- 5,400 万円×0.3－700 万円＝920 万円

㋑　第 2 次相続における相続税額の計算

子 C が母 B の遺産 7,500 万円全部を相続する場合ですが、子 C の相続税額は、以下の算式により 580 万円となります。

｛7,500 万円－(3,000 万円＋600 万円)｝×0.2－200 万円＝580 万円

㋒　第 1 次相続と第 2 次相続の合計相続税額

合計相続税額は 1,500 万円（920 万円＋580 万円）です。

(3)　本問(2)①と②の相続税額の比較

第 1 次相続で母 B の配偶者税額軽減の特例を最大限に利用した本問(2)①の場合よりも、第 1 次相続で母 B と子 C が法定相続分で相続した本問(2)②の場合の方が、第 1 次相続と第 2 次相続通じての全体の納税額が 1,360 万円（2,860 万円－1,500 万円）も少額となります。

以上のように、相続税対策は、第 2 次相続まで考慮した対策が必要だということが分かります。

ただし、残された配偶者の余命は未知ですので、第 1 次相続（父 A の相続）において、やはり配偶者の老後の生活保障等にも配慮した遺産分割協議を行うことが重要であると考えられます。

死因贈与・負担付遺贈

第4章

21 | 死因贈与と遺贈の相違点

死因贈与と遺贈の違いについて説明してください。

A 死因贈与は、「甲が、自分が死んだら甲所有のA不動産を乙に与える」というように、贈与者が受贈者（財産を貰う人）に対して、贈与者の死亡という不確定期限を付して財産を無償で与えることを約束して成立する契約です。死因贈与には、負担付死因贈与（例えば、財産の贈与の負担として、贈与者に生活費の支給を義務づけるなど）も認められます。

これに対し、遺贈は、遺言によって、遺産の全部又は一部を無償又は負担付きで他人に与える行為であり、契約ではなく、遺言者の単独行為です。

死因贈与の場合には、贈与者の生存中に所有権移転の仮登記（始期付所有権移転仮登記）ができますが、遺贈では、遺言者の生存中に所有権移転の仮登記はできません。

また、贈与者や遺言者死亡後の所有権移転登記の登録免許税にも両者に税率の違いがあり、また、不動産取得税は、死因贈与の場合は課税対象となりますが、遺贈の場合には相続人に対する遺贈では、非課税です。

その他の相違については、解説を参照してください。

なお、死因贈与も、贈与者の死亡によって効力が生じる点で遺贈と同じですので、民法554条は、死因贈与には、その性質に反しない限り、遺贈の規定が準用されると規定しています。

解　説

1　死因贈与と遺贈

(1)　死因贈与とは

　死因贈与とは、例えば、「父が、自分が死んだら父所有の甲不動産を長男に与える」というように、贈与者が受贈者に対して、贈与者の死亡という不確定期限を付して財産を無償で与えることを約束して成立する契約（つまり、贈与者の死亡によって効力が生じる契約）です。したがって、贈与者の申込みと受贈者の承諾によって死因贈与契約が成立することになります（民法554条参照）。

　死因贈与は、「受贈者は、甲不動産の贈与を受ける負担として、贈与者の生存中、その生活費として月額10万円を毎月末日限り支払わなければならない。」などという「負担付死因贈与」も認められます。

　なお、贈与（つまり、生前贈与）は、当事者の一方が自己の財産を無償で相手方に与える意思を表示し、相手方が受諾をすることによって直ちに契約の効力が生じ、所有権移転の効果が生じる点で、死因贈与と異なります（民法549条）。

[死因贈与契約の記載例]

死因贈与契約書

　第1条　贈与者甲野太郎は、贈与者の死亡によって効力を生じ、死亡と同時に所有権が受贈者に移転するものと定め、令和○年○月○日、贈与者の所有する下記不動産を、無償で受贈者甲野一郎に贈与することを約し、受贈者は、これを受諾した。

記

```
所　在　　○区○町○丁目
地　番　　○番○
地　目　　宅　地
地　積　　123.45平方メートル
```

第2条　当事者は、上記不動産について、受贈者のために始期付所有権移転
　　　仮登記をするものとする。贈与者は、受贈者が上記仮登記申請手続をする
　　　ことを承諾した(注)。なお、登記手続に要する費用は、受贈者の負担とす
　　　る。

第3条　贈与者は以下の者を執行者に指定する。

　　　　住　　　所　　東京都○区○町○丁目○番○号
　　　　職　　　業　　司法書士
　　　　氏　　　名　　丙　野　三　郎
　　　　生年月日　　　昭和○年○月○日生

　　上記契約の成立を証するため、本契約書2通を作成し、各自が署名・押印
（実印を証するため、印鑑証明書添付）した上、各1通を所持する。

　令和○年○月○日

　　　　　　　　　　　　　　　　東京都○区○町○丁目○番○号
　　　　　　　　　　　　　　　　　　贈与者　　甲　野　太　郎　㊞
　　　　　　　　　　　　　　　　東京都○区○町○丁目○番○号
　　　　　　　　　　　　　　　　　　受贈者　　甲　野　一　郎　㊞

(注)　公正証書中に、この承諾文言を加えておくと、当該仮登記申請手続をする際、改め
　　て贈与者の承諾書及びその印鑑証明書の添付が不要となります（後記2(3)参照）。

(2)　遺贈とは

　遺贈とは、遺言によって、遺産の全部又は一部を無償で又は負担を付して
他人に与えること（単独行為）であり、原則として遺言者の死亡の時に効力
を生じます（民法985条参照）。遺贈によって利益を受ける人を「受遺者」と
いいます。

　遺贈には、特定遺贈と包括遺贈とがあり、遺言者は、遺留分の規定に違反
しない範囲内でこれらの遺贈ができます（民法964条）。

　なお、特定遺贈は、個々の財産を特定して遺贈すること（例えば、「A不動
産を甥甲に遺贈する。」という場合）をいいます。これに対し、包括遺贈とは、
個々の財産を特定することなく、遺産（積極・消極財産を含む。）の全部又は一
部の分数的割合（例えば、全財産の2分の1、全財産の3割など）で遺贈すること
をいいます。

　特定遺贈と包括遺贈の記載例、及び両者の主な相違点は、以下のとおりで

す。

［特定遺贈の記載例］

遺　言　書

遺言者甲野太郎は、以下のとおり遺言する。

第1条　遺言者は、遺言者の所有する下記不動産を、内縁の妻乙野和子（昭和○年○月○日生、住所：東京都○区○町○丁目○番○号）に遺贈する。

記

    所　　　在　　○区○町○丁目
    地　　　番　　○番○
    地　　　目　　宅　地
    地　　　積　　123.45平方メートル

第2条　遺言者は、この遺言執行者として以下の者を指定する。

    住　　　所　　東京都○区○町○丁目○番○号
    職　　　業　　司法書士
    氏　　　名　　丙　野　三　郎
    生年月日　　昭和○年○月○日生

令和○年○月○日

東京都○区○町○丁目○番○号
遺言者　甲　野　太　郎　㊞

［包括遺贈の記載例］

遺　言　書

遺言者甲野太郎は、以下のとおり遺言する。

第1条　遺言者は、遺言者の有する全財産のうち、3分の2を内縁の妻乙野和子（昭和○年○月○日生、住所：東京都○区○町○丁目○番○号）に遺贈する。

第2条　遺言者は、この遺言執行者として以下の者を指定する。

```
住　　　所　　東京都○区○町○丁目○番○号
職　　　業　　司法書士
氏　　　名　　丙 野 三 郎
生年月日　　昭和○年○月○日生


令和○年○月○日
　　　　　　　　　　東京都○区○町○丁目○番○号
　　　　　　　　　　遺言者　　甲 野 太 郎　㊞
```

[特定遺贈と包括遺贈の主な相違点]

	特定遺贈	包括遺贈
①	積極財産のみが対象	積極・消極の両財産が対象
②	承認・放棄は、民法986条から989条までの規定が適用。例えば、①いつでも無方式で遺贈の放棄可、②遺贈義務者等は、受遺者に対し、相当の期間を定めて放棄するか承認するかの催告ができる。	相続の承認・放棄に関する規定（民法915条〜940条）が適用。例えば、自己のために遺贈の効力が発生したことを知った時から、原則として3か月以内に承認・放棄をすることを要する。

(3)　包括受遺者と相続人の違い

　包括遺贈を受ける人を「包括受遺者」といいます。包括受遺者は、相続人と同一の権利義務を有しますが（民法990条）、以下の点で相続人と異なります。

[包括受遺者と相続人の主な相違点]

	相続人の場合	包括受遺者の場合
①	兄弟姉妹を除き遺留分有り。	遺留分なし。 （理由：本来の相続人でないため）
②	子と兄弟姉妹に代襲相続有り。	代襲相続なし。 （理由：本来の相続人でないため）
③	法人は相続人にはなれない。	法人も包括受遺者になれる。
④	法定相続分については登記なくして第三者に対抗できる。	包括受遺者の持分は登記なくして第三者に対抗できない。
⑤	共同相続人が相続を放棄したり、他の包括受遺者が遺贈を放棄した場合、相続人の相続分は増加する。	左記のような場合、包括受遺者の持分は増加しない。

2　死因贈与と遺贈の相違点

(1)　法律行為等の違い

　死因贈与は、契約であり、贈与者と受贈者の合意によって成立します。

　これに対し、遺贈は、遺言によって、自己の財産を一方的に他人に譲渡する行為（単独行為）です。

　また、死因贈与は契約ですので、18歳以上でないと、単独で死因贈与契約ができません（民法4条、5条。18歳未満の人が死因贈与契約を締結するには、法定代理人の同意が必要である。）。

　これに対し、遺贈は、遺言ですので、15歳以上であればできます（民法961条、962条）。

　なお、民法554条は、死因贈与には、その性質に反しない限り、遺贈の規定が準用されると規定しています。

　両者の違いとしては、例えば、①死因贈与は遺贈とは異なり、要式行為ではないので、遺言の方式に関する規定（民法968条）は準用されず、②死因贈与は遺贈と異なり契約であるので、遺言能力に関する規定（民法961条、962条）、及び遺贈の放棄・承認に関する規定（民法986条以下）も準用されないと解されています。これに対し、受遺者が遺言者の死亡前に死亡したときは効

力が生じない旨の規定（民法994条）は準用されると解されています。

(2)　放棄・撤回に関する違い

　　ア　遺贈について

　受遺者は、遺言者の死亡後いつでも放棄できます（特定遺贈について民法986条、包括遺贈について民法915条）。

　また、遺言者は、いつでも、遺言の方式に従って、その遺言の全部又は一部を撤回することができます（民法1022条）。

　　イ　死因贈与について

　死因贈与の撤回については、遺言の撤回に関する民法1022条の規定（遺言の方式に従ってその撤回ができる旨の規定）が、その方式に関する部分を除き準用されると解されています（最判昭和47年5月25日民集26巻4号805頁）。

　また、前の死因贈与は、その内容において抵触する後の遺贈や生前処分（例えば、生前贈与や売買）により、撤回されたものとみなされます（民法554条、1023条。宇都宮地判昭和55年7月30日判時991号102頁（死因贈与後に遺贈した事案）参照）。

　しかし、負担付死因贈与契約の場合で、受贈者がその契約に従い負担の全部又はそれに類する程度の履行（先履行）をした場合には、受贈者を保護する見地から、特段の事情のない限り、撤回ができないものと解されています（最判昭和57年4月30日民集36巻4号763頁）。また、訴訟の係属中に裁判上の和解において、土地の死因贈与が成立した場合には、贈与者は自由に撤回することができないとする裁判例もあります（最判昭和58年1月24日民集37巻1号21頁）。なお、この点については、**Q23**で詳しく検討します。

(3)　仮登記の可否について

　遺贈は、遺言者の生存中において、遺贈の対象である不動産について、所有権移転の仮登記をすることはできません。

　これに対し、死因贈与の場合は、贈与者の生存中において、その対象不動産について、所有権移転請求権保全の仮登記をすることができます（不動産登記法105条2号）。この仮登記は、登記実務において「始期付所有権移転仮登記」といわれ、所有権移転の順位の保全効があります。

　この仮登記申請は、仮登記義務者（贈与者）と仮登記権利者（受贈者）との共同申請が原則である（不動産登記法60条）ところ、仮登記義務者の承諾があるときは、その承諾書（印鑑証明書付き）を添付すれば、仮登記権利者が単独で申請できます（不動産登記法107条1項）。そして、公正証書に仮登記義務者（贈与者）が上記仮登記手続を申請することを承諾した旨の文言があるときは、登記実務上、当該公正証書の正本又は謄本を添付すれば、仮登記義務者（贈与者）の承諾書及びその印鑑証明書の添付を要しない取扱いとなっているからです（昭和54年7月19日民三4170号民事局長通達。前記［死因贈与契約の記載例］参照）。

　なお、死因贈与契約は、口約束でもよいですが、書面によらない場合には、履行されていない限り、いつでも契約を取り消すことができます（民法550条）。したがって、上記のような観点から、死因贈与契約は、必ず書面にしておくべきですし、また、できるだけ公正証書にしておくことが良いと思われます。

　ちなみに、農地については、死因贈与契約の場合及び特定遺贈の場合には、農地法の許可が必要となりますが、包括遺贈の場合には、農地法の許可は必要ありません。

(4) 遺留分侵害額の負担の順序について

　遺留分侵害額の負担の順序については、民法1047条1項に規定されていますが、死因贈与については規定がなく、学説も分かれています。下級審裁判例（東京高判平成12年3月8日判タ1039号294頁）では、死因贈与は遺贈に次いで、生前贈与より先に遺留分侵害額請求の対象となるとしています（すなわち、遺贈（「特定の遺産を特定の相続人に相続させる」旨の遺言を含む。）→死因贈与→生前贈与の順で遺留分侵害額請求の対象となる。）。

(5) 不動産登記の登録免許税等の違い

　死因贈与と遺贈とは、以下のとおり、不動産登記の登録免許税、不動産取得税に違いが生じます。

　なお、相続税については、両者はいずれも相続税の対象となります。

ア 不動産登記の登録免許税

(ア) 死因贈与は、上記のとおり、贈与者が生存中であれば、所有権移転の仮登記（始期付所有権移転仮登記）ができますが、当該仮登記の登録免許税は、土地及び建物の固定資産課税台帳の価格（1000円未満の端数は切捨て。以下同じ）の1000分の10です（登録免許税法9条・別表第一の一㈡ロ(3)）。

また、贈与者死亡後に仮登記を本登記（所有権移転登記）にする際の登録免許税は、固定資産課税台帳の価格の1000分の10です。なお、仮登記をせずに、直接本登記（所有権移転登記）をする際の登録免許税は、固定資産課税台帳の価格の1000分の20です（登録免許税法9条・別表第一の一㈡ハ。受贈者が贈与者の相続人であっても同じ。）。

(イ) これに対し、遺贈の場合は、相続人に対する遺贈については、「相続させる」旨の遺言（特定財産承継遺言）と同様に、その所有権移転登記の登録免許税は、固定資産課税台帳の価格の1000分の4です（登録免許税法9条・別表第一の一㈡イ）。

しかし、受遺者が相続人でない場合には、固定資産課税台帳の価格の1000分の20です（登録免許税法9条・別表第一の一㈡ハ）。

イ 不動産取得税（都道府県税）

不動産取得税は、相続（包括遺贈や被相続人からの相続人に対する遺贈も含む。）による不動産の取得に対しては課税されません（地方税法73条の7第1号）。

これに対し、死因贈与は、贈与と同様に課税されます。

なお、不動産取得税の税率は、固定資産課税台帳の価格（土地はその2分の1の価額）の3％（令和6年3月31日までの軽減措置）ですので、遺贈と死因贈与との間には、金額的に大きな違いが生じます。

22 死因贈与契約書の作成方法等

(1) 死因贈与契約書の作成方法について説明してください。

(2) 死因贈与契約による始期付所有権移転仮登記申請書及びこれに基づく本登記申請書の記載例を挙げてください。

A　(1)　死因贈与契約書の作成方法については、①基本的な死因贈与契約書の記載例、②負担付死因贈与契約書記載例、③第２次受贈者等を指定する予備的な死因贈与契約書の記載例を挙げながら、解説で説明することとします。

(2)　この点の記載例については、解説を参照してください。

解 説

1　死因贈与契約書の作成方法について

(1)　総論

死因贈与は、贈与者が受贈者に対して、贈与者の死亡を始期として財産を無償で与えることを約束して成立する契約、つまり贈与者の死亡によって効力が生じる契約です。典型的な死因贈与の例としては、「父が、自分が死んだら父所有の甲不動産を長男に与える」というような契約を挙げることができます。

死因贈与は、遺贈と異なり、贈与者の生存中において、その対象である不動産について所有権移転の仮登記（始期付所有権移転仮登記）をすることができる点に特徴があります。

また、死因贈与は、生前贈与や遺贈と同様に、「受贈者は、甲不動産の贈与を受ける負担として、贈与者の生存中、その生活費として月額10万円を毎月末日限り支払わなければならない。」などという「負担付死因贈与」も認められています。

　さらに、民法 554 条は、死因贈与には、その性質に反しない限り、遺贈の規定が準用されると規定していることから、受遺者が遺言者の死亡前に死亡したときは効力が生じない旨の規定（民法 994 条）は準用されると解されています。そのため、受贈者が贈与者の死亡以前に死亡したときは、死因贈与契約の効力は生じないことになります。そこで、予備的に、第 2 次受贈者を指定することが考えられます。

　以上の観点から、①基本的な死因贈与契約書の記載例、②負担付死因贈与契約書記載例、③第 2 次受贈者を指定する予備的な死因贈与契約書の記載例を挙げながら、検討したいと思います。

(2)　**基本的な死因贈与契約の記載例**

　ア　死因贈与契約書の基本的な記載例として、以下のような例が挙げられます。

　　死因贈与契約により始期付所有権移転仮登記をする場合において、同契約書（私署証書）中に「贈与者は、受贈者が始期付所有権移転仮登記申請手続をすることを承諾した」旨の文言を入れ、かつ、贈与者（仮登記義務者）が記名・押印（実印の押捺）して印鑑証明書を添付したときは、受贈者（仮登記権利者）が単独で仮登記を申請することができます。下記契約書第 2 条中の「贈与者は、受贈者が上記仮登記申請手続をすることを承諾した。」という文言が、これに該当します。

　　なお、死因贈与契約書を公正証書で作成した場合には、同公正証書中に、当該文言があるときは、登記実務上、当該公正証書の正本又は謄本を添付すれば、仮登記義務者（贈与者）の印鑑証明書の添付も要しない取扱いとなっています（昭和 54 年 7 月 19 日民三 4170 号民事局長通達。幸良秋夫『設問解説相続法と登記〔新訂〕』（日本加除出版、2018）630 頁参照）。

　イ　死因贈与においても、遺贈に関する規定の準用（民法 554 条）により、執行者を指定又は選任できると解されています。

　　この執行者が指定されている場合には、贈与者の死亡後において、執行者が贈与者の相続人全員に代わって、受贈者とともに本登記申請

　手続を行うことができるので、当該相続人の協力が得られないときは、極めて簡便な方法といえます。

　この執行者の指定が下記契約書第3条になります。

[死因贈与契約書1―基本形]

死因贈与契約書

第1条　贈与者甲野太郎は、贈与者の死亡によって効力を生じ、死亡と同時に所有権が受贈者に移転するものと定め、令和2年10月1日、贈与者の所有する下記不動産を、無償で受贈者である長男甲野一郎に贈与することを約し、受贈者は、これを受諾した。

記

```
所　　　在　　　○区○町○丁目
地　　　番　　　○番○
地　　　目　　　宅　地
地　　　積　　　123.45 平方メートル
```

第2条　当事者は、上記不動産について、受贈者のために始期付所有権移転仮登記をするものとする。贈与者は、<u>受贈者が上記仮登記申請手続をすることを承諾した。</u>なお、登記手続に要する費用は、受贈者の負担とする。

第3条　贈与者は以下の者を執行者に指定する。

```
住　　　所　　　東京都○区○町○丁目○番○号
職　　　業　　　司法書士
氏　　　名　　　乙　野　三　郎
生年月日　　　　平成○年○月○日生
```

　上記契約の成立を証するため、本契約書2通を作成し、各自が署名・押印（実印を証するため、印鑑証明書添付）した上、各1通を所持する。

　令和2年10月1日

```
　　　東京都○区○町○丁目○番○号
　　　　　贈与者　　甲　野　太　郎　㊞
　　　東京都○区○町○丁目○番○号
　　　　　受贈者　　甲　野　一　郎　㊞
```

(3)　負担付死因贈与契約書の記載例

　負担付死因贈与契約書の記載例として、以下のような例が挙げられます（同記載例の下線部分が受贈者の負担部分である。）。

　死因贈与契約については、遺言の撤回に関する民法 1022 条の規定が、その方式に関する部分を除き準用されると解されているので、前の死因贈与は、贈与者によって取り消されたり、また、その内容において抵触する後の遺贈や生前処分（例えば、生前贈与や売買）により、撤回されたものとみなされるおそれがあります。

　しかし、負担付死因贈与契約の場合で、受贈者がその契約に従い負担の全部又はそれに類する程度の履行（先履行）をした場合には、受贈者を保護する見地から、特段の事情のない限り、撤回ができないものと解されています（最判昭和 57 年 4 月 30 日民集 36 巻 4 号 763 頁）。

　その意味では、負担付死因贈与契約の独自の存在価値はあるともものと考えられます。

　なお、死因贈与契約の撤回・取消しについては、**Q 23** で詳しく検討します。

[死因贈与契約書２―負担付死因贈与]

死因贈与契約書

　第１条　贈与者甲野太郎は、贈与者の死亡によって効力を生じ、死亡と同時に所有権が受贈者に移転するものと定め、令和２年 10 月１日、贈与者の所有する下記不動産を、無償で受贈者である長男甲野一郎に贈与することを約し、受贈者は、これを受諾した。
記
（不動産の表示は省略）
　<u>２　受贈者は、前項の贈与を受ける負担として、贈与者の生存中、その生活費として月額 20 万円を毎月末日限り、贈与者の指定する金融機関の預金口座に振り込んで支払わなければならない。</u>なお、その振込手数料は受贈者の負担とする。
　第２条　当事者は、上記不動産について、受贈者のために始期付所有権移転仮登記をするものとする。贈与者は、受贈者が上記仮登記申請手続をすることを承諾した。なお、登記手続に要する費用は、受贈者の負担とする。
　第３条　贈与者は下記の者を執行者に指定する。
　　　　　住　　所　　　東京都○区○町○丁目○番○号
　　　　　職　　業　　　司法書士
　　　　　氏　　名　　　乙　野　三　郎

　　　　生年月日　　　　平成○年○月○日生

　上記契約の成立を証するため、本契約書2通を作成し、各自が署名・押印（実印を証するため、印鑑証明書添付）した上、各1通を所持する。

　令和2年10月1日

　　　　　　　　　　東京都○区○町○丁目○番○号
　　　　　　　　　　　贈与者　　甲　野　太　郎　㊞
　　　　　　　　　　東京都○区○町○丁目○番○号
　　　　　　　　　　　受贈者　　甲　野　一　郎　㊞

(4)　予備的な死因贈与契約書（第2次受贈者の指定等）の記載例

　予備的な死因贈与契約書の記載例として、以下のような例が挙げられます（同記載例の下線部分が第2次受贈者の指定等の予備的な文言部分である。）。

　上記のとおり、死因贈与者の死亡以前に受贈者が死亡したときは、死因贈与契約の効力は生じないと解されています（民法554条による民法994条の準用）。

　贈与者としては、受贈者が自己より先に死亡した場合においても、死因贈与契約を終了させることを望まず、近親者等を第2次受贈者として指定することを欲する場合があると思われます。このような場合に対応するのが、予備的な文言であると考えられます。

　本記載例では、第2次受贈者として、第1次受贈者の長男を指定していますし（本記載例第2条、第3条第2項参照）、また、執行者についても、第2次執行者を指定しています（本記載例第4条第2項参照。なお、髙妻新＝荒木文明＝後藤浩平『全訂第三版補訂　相続における戸籍の見方と登記手続』（日本加除出版、2022）209頁以下参照）。

　なお、遺言においても、予備的な遺言の形態があり、具体的に「遺言者は、遺言者所有の甲不動産を長男甲野一郎に相続させる（遺贈する）。ただし、長男甲野一郎が遺言者の死亡以前に死亡している場合には、甲不動産を長男甲野一郎の長男甲野和夫に相続させる（遺贈する）。」などの例を挙げることができます。

[死因贈与契約書3―予備的に第2次受贈者を指定]

死因贈与契約書

　　贈与者甲野太郎は、第1次受贈者甲野一郎及び第2次受贈者甲野和夫との間において、以下のとおり、死因贈与契約を締結する。

第1条　贈与者甲野太郎は、贈与者の死亡によって効力を生じ、死亡と同時に所有権が受贈者に移転するものと定め、令和2年10月1日、贈与者の所有する下記不動産を、無償で第1次受贈者である長男甲野一郎に贈与することを約し、受贈者は、これを受諾した。
記
（不動産の表示は省略）

第2条　贈与者は、第1次受贈者甲野一郎が贈与者の死亡以前に死亡したときは、その死亡と同時に、前条記載の不動産を甲野一郎の長男である甲野和夫（第2次受贈者）に贈与する。

2　前項の贈与は、贈与者の死亡によって効力が生じ、前条記載の不動産の所有権は、その死亡と同時に第2次受贈者甲野和夫に移転するものとする。

第3条　贈与者及び第1次受贈者甲野一郎は、第1条記載の不動産について、令和2年10月末日までに、第1次受贈者甲野一郎のために始期付所有権移転仮登記をするものとする。贈与者は、第1次受贈者甲野一郎が上記仮登記申請手続をすることを承諾した。なお、登記手続に要する費用は、第1次受贈者甲野一郎の負担とする。

2　贈与者及び第2次受贈者甲野和夫は、第1次受贈者甲野一郎が贈与者の死亡以前に死亡したときは、第1条記載の不動産について、第2次受贈者甲野和夫のために始期付所有権移転仮登記をするものとする。贈与者は、第2次受贈者甲野和夫が上記仮登記申請手続をすることを承諾した。なお、登記手続に要する費用は、第2次受贈者甲野和夫の負担とする。

第4条　贈与者は下記の者を執行者に指定する。
　　　　　住　　　所　　　　東京都○区○町○丁目○番○号
　　　　　職　　　業　　　　司法書士
　　　　　氏　　　名　　　　乙　野　三　郎
　　　　　生年月日　　　　　平成○年○月○日生

2　前項の者が贈与者の死亡以前に死亡したときは、次の者を執行者に指定する。
　　　　　住　　　所　　　　東京都○区○町○丁目○番○号
　　　　　職　　　業　　　　司法書士
　　　　　氏　　　名　　　　丙　野　五　郎
　　　　　生年月日　　　　　平成○年○月○日生

上記契約の成立を証するため、本契約書3通を作成し、各自が署名・押印

　　（実印を証するため、印鑑証明書添付）した上、各1通を所持する。

　　令和2年10月1日

東京都○区○町○丁目○番○号
　　贈与者　　甲　野　太　郎　㊞
東京都○区○町○丁目○番○号
　第1次受贈者　　甲　野　一　郎　㊞
東京都○区○町○丁目○番○号
　第2次受贈者　　甲　野　和　夫　㊞

2　始期付所有権移転仮登記申請書及び始期付所有権移転仮登記に基づく本登記申請書の記載例

(1)　始期付所有権移転仮登記申請書の記載例

　死因贈与については、①贈与者の生存中に、権利の移転・設定の期待権として、贈与者の死亡を始期とする「始期付仮登記」（例えば、「始期付所有権移転仮登記」。不動産登記法105条2号）をすることができますし、また、②贈与者の死亡後（つまり、死因贈与の効力発生後）に、贈与者の相続人が移転登記義務等に応じない場合において、その移転請求権等を保全するための仮登記（不動産登記法105条2号）をすることができます。

　そして、これらの仮登記に基づいて本登記をした場合には、本登記の順位は、仮登記の順位によって決められるという効果（順位保全効）があります。

　ここでは、前記1(2)の「基本的な死因贈与契約の記載例」に基づいて、仮登記権利者の単独による始期付所有権移転仮登記申請書の記載例を挙げます。

[始期付所有権移転仮登記申請書の記載例]

登　記　申　請　書

　登記の目的　　始期付所有権移転仮登記^(注1)
　原　　　因　　令和2年10月1日贈与（始期甲野太郎の死亡）^(注2)
　権　利　者　　東京都○区○町○丁目○番○号
　　　　　　　　甲　野　一　郎^(注3)
　義　務　者　　東京都○区○町○丁目○番○号

　　　　　甲　野　太　郎^(注4)

添　付　情　報
　　登記原因証明情報^(注5)　印鑑証明書・承諾書^(注6)　代理権限証明情報^(注7)
　　☐ 登記識別情報の通知を希望しません。^(注8)

令和2年10月15日申請　　○○法務局（又は地方法務局）○○支局（又は
　　　　　　　　　　　　　出張所）

権利者代理人　　東京都○区○町○丁目○番地
　　　　　　　　司法書士　乙野　三郎　　　　㊞^(注9)
　　　　　　　　連絡先の電話番号○○-○○○○-○○○○^(注10)

課 税 価 格　　金2,000万円^(注11)
登 録 免 許 税　金2万円^(注12)

不動産の表示
　不動産番号　　000000000000
　所　　　在　　○区○町○丁目
　地　　　番　　○番○
　地　　　目　　宅　地
　地　　　積　　123.45平方メートル

（注1）登記の目的は、「始期付所有権移転仮登記」と記載します。
（注2）仮登記の原因は、贈与であり、その贈与契約成立日と効力発生の始期を記載します。
（注3）（注4）当事者を記載します。権利者として仮登記権利者（死因受贈者）の住所・氏名を記載し、義務者として仮登記義務者（死因贈与者・所有権の登記名義人）の住所・氏名を記載します。
　　　なお、本仮登記申請は、共同申請に限定されることなく、仮登記権利者からでもすることができます。ただし、仮登記義務者の承諾を証する情報（印鑑証明書付き）の提供を要します。
（注5）登記原因証明情報として、死因贈与契約書等を提供します。
（注6）仮登記権利者が単独で仮登記を申請するときは、仮登記義務者（贈与者）の承諾を証する情報（承諾書。印鑑証明書付き）に添付することを要します。
　　　なお、当該仮登記記載例では、前記1(2)の「基本的な死因贈与契約の記載例（私署証書）」第2条の下線部分が、承諾文言（承諾書）に該当し、また、登記義務者（贈与者）が印鑑証明書を添付していることを前提としているので、仮登記権利者が単独で仮登記を申請することができます。
（注7）登記の申請に関する委任状（代理人の権限を証する情報）です。
（注8）権利者が登記識別情報の通知を希望しない場合は、☐にチェックをします。
（注9）代理人の住所及び氏名を記載し、押印（認印で可）します。この代理人の表示は、委任状に記載されている代理人の表示と一致している必要があります。

（注10）登記申請書の記載内容等に補正すべき点（不備等）がある場合に、登記所の担当者から連絡するための連絡先の電話番号（平日の日中に連絡を受けることができる電話番号。携帯電話の電話番号でも可）を記載します。

（注11）課税標準となる不動産（土地）の価額を記載します。課税価格は、原則として、固定資産課税台帳に登録された価格の1,000円未満を切り捨てた金額を記載します。課税価格が1,000円未満のときは、1,000円となります（登録免許税法15条）。

（注12）登録免許税額を記載します。始期付所有権移転の仮登記の登録免許税は、不動産の価額の1000分の10とされているので、課税価格に1000分の10を乗じた額を記載します。登録免許税額に100円未満の端数があるときは、その端数を切り捨て、金額が1,000円未満のときは、1,000円となります（登録免許税法19条）。

(2)　始期付所有権移転仮登記に基づく本登記申請書の記載例

　死因贈与による始期付所有権移転の仮登記手続をした場合において、その所有権移転の始期である贈与者の「死亡」という事実が発生したときに、所有権移転の効果が生じます。そこで、仮登記権利者は、仮登記に基づく本登記手続をすることになります。

　ただし、この本登記申請には、登記上の利害関係を有する第三者があるときは、申請情報に、その者の承諾を証する情報又はこれに対抗し得る裁判の謄本を提供することを要します（不動産登記法109条1項、不動産登記令7条1項6号・別表69の添付情報欄イ）。例えば、当該仮登記により後順位となる所有権移転の登記又は所有権以外の権利に関する登記を受けた第三者があるときは、申請書にその者の承諾書（印鑑証明書付き）又はこれに対抗し得べき裁判の謄本を添付することを要します。

　なお、ここでは、死因贈与契約において、執行者（司法書士　乙野三郎）が指定されていることを前提として、執行者が相続人に代わって、受贈者とともに本登記申請を行うものとします。

［始期付所有権移転仮登記に基づく本登記申請書の記載例（執行者がある場合)]

登　記　申　請　書

登 記 の 目 的　　何番仮登記の所有権移転本登記^(注1)
原　　　　因　　令和４年６月１日贈与^(注2)
権　利　者　　東京都○区○町○丁目○番○号
　　　　　　　（住民票コード 00000000000）^(注3)
　　　　　　　甲　野　一　郎^(注4)
義　務　者　　東京都○区○町○丁目○番○号
　　　　　　　亡甲　野　太　郎^(注5)

添　付　情　報
　　登記原因証明情報^(注6)　登記識別情報^(注7)　印鑑証明書^(注8)　承諾書^(注9)
　　住所証明書^(注10)　代理権限証明情報^(注11)
登記識別情報を提供することができない理由^(注12)
　　□ 不通知　□ 失効　□ 失念　□ 管理支障　□ 取引円滑障害
　　□ その他（　　　　　　）
□ 登記識別情報の通知を希望しません。^(注13)

令和４年７月１日申請　　○○法務局（又は地方法務局）○○支局（又は出
　　　　　　　　　　　　張所）

権利者代理人兼執行者　東京都○区○町○丁目○番地
　　　　　　　　　　　司法書士　乙野　三郎　　　㊞^(注14)
　　　　　　　　　　　連絡先の電話番号○○-○○○○-○○○○

課　税　価　格　　金 2,000 万円^(注15)
登 録 免 許 税　　金２万円^(注16)

不動産の表示
　　不動産番号　000000000000
　　所　　在　　○区○町○丁目
　　地　　番　　○番○
　　地　　目　　宅地
　　地　　積　　123.45 平方メートル

（注１）登記の目的は、「何番仮登記の所有権移転本登記」と記載します。すなわち、登記の目的として、登記されている仮登記をその登記の順位番号で特定し、その所有権移転の本登記であることを明示します。
（注２）登記原因は、死因贈与の効力発生である贈与者死亡の日付で「贈与」の旨を記載します。
（注３）登記権利者については、住民票コードを記載した場合、添付情報として住所証明情報（住民票の写し）の提出を省略することができます。

（注4）権利者として登記権利者（仮登記名義人）の住所・氏名を記載します。

（注5）義務者として、仮登記当時の所有権登記名義人である死因贈与者の氏名及び住所を記載します。

（注6）登記原因証明情報として、贈与者（所有権登記名義人）の死亡を証する戸籍事項証明書（戸籍謄抄本）及び死因贈与契約の成立を証する情報（死因贈与契約書等）を提供します。

　なお、公正証書により死因贈与契約が締結された場合には、当該公正証書の正本又は謄本を提出すれば足りますが、私署証書（例えば、死因贈与契約書）による場合には、当該私署証書及び贈与者の押印に係る印鑑証明書を添付します。

（注7）登記義務者である贈与者の登記識別情報又は登記済証を提出します。

（注8）登記義務者の印鑑証明書（作成後3か月以内のもの）の提出を要します。

　死因贈与の執行者がある場合には、執行者が法定の代理人として申請することになるので、委任状（本人申請の場合には申請書）に押印した執行者の印鑑証明書を提出します。なお、執行者がいないときは、贈与者の相続人全員が申請人になるので、戸籍・除籍全部事項証明書（戸籍・除籍謄本）等の相続を証する情報及び全員の印鑑証明書の提出を要します。

（注9）当該仮登記の本登記について、登記上の利害関係を有する第三者があるときは、申請情報に、その者の承諾を証する情報又はこれに対抗し得る裁判の謄本を提供することを要します（不動産登記法109条1項、不動産登記令7条1項6号・別表69の添付情報欄イ）。

（注10）登記権利者である受贈者の住所を証する住民票の写し等を提出します。ただし、上記のとおり、住民票コードを記載した場合は、その提出は不要です。

（注11）代理権限を証する情報として、登記申請に関する委任状を提出します。登記義務者（死因贈与執行者又は相続人）の押印は、添付の印鑑証明書と一致していることが必要です。登記権利者の押印は、認印で差し支えありません。

（注12）登記義務者が登記識別情報又は登記済証を提供することができないときは、その理由の□にチェックします。

（注13）登記権利者が登記識別情報の通知を希望しないときは、□にチェックをします。なお、通知を希望する場合において、送付の方法により登記識別情報通知書の交付を求めるときは、その旨及び送付先の別を記載します。

（注14）委任代理人によって登記を申請する場合には、その代理人の氏名及び住所を記載し、押印します。補正事項がある場合の連絡のため、連絡先の電話番号を記載します。

　なお、死因贈与・執行者が登記権利者（受贈者）の代理人を兼ねている場合において、自ら登記を申請する場合には、「権利者代理人兼執行者」と表示して氏名及び住所を記載し、押印します。また、登記権利者（受贈者）が死因贈与・執行者を兼ねている場合において、自ら登記を申請する場合には、「権利者兼執行者」と表示して氏名及び住所を記載し、押印します。いずれの場合も、その連絡先の電話番号も記載します。

（注15）課税価格（土地）は、原則として、固定資産課税台帳に登録された価格の1,000

円未満を切り捨てた金額を記載します。課税価格が 1,000 円未満のときは、1,000 円と
なります（登録免許税法 15 条）。

（注 16）仮登記を経由した死因贈与による所有権移転の本登記の登録免許税額は、課税価
格の 1000 分の 10 とされているので、課税価格に 1000 分の 10 を乗じた額を記載します。

　なお、仮登記がなく、贈与者死亡後に直接所有権移転の登記をする場合は、課税価格
の 1000 分の 20 です。

　また、登録免許税額に 1,000 円未満の端数があるときは、その端数を切り捨てます。
金額が 1,000 円未満のときは、「1,000 円」が登録免許税額になります（登録免許税法 19
条）。

3　死因贈与の仮登記及び本登記の不動産登記記録のイメージ例

　死因贈与契約により始期付所有権移転仮登記をし、さらに、贈与者の死亡
後に本登記手続をした場合における不動産登記記録の記載のイメージ例は、
以下のようになります。

［死因贈与の不動産登記記録のイメージ例］

権利部（甲区）		（所有権に関する事項）	
順位番号	登記の目的	受付年月日・受付番号	権利者その他の事項
何	始期付所有権移転仮登記	令和 2 年 10 月 1 日第○号	原因　令和 2 年 10 月 1 日贈与（始期　甲野太郎の死亡）権利者　東京都○区○町○丁目○番○号甲野一郎
	所有権移転	令和 4 年 7 月 1 日第○号	原因　令和 4 年 6 月 1 日贈与所有者　東京都○区○町○丁目○番○号甲野一郎

4　参考事項（死因贈与による配偶者居住権の成立）

　配偶者居住権とは、配偶者が被相続人所有の建物に、仮に所有者が変わっ
たとしても、終身又は一定期間という比較的長期の間、無償で居住して使用
収益を続けることができる権利をいいます（民法 1028 条～ 1036 条）。

　配偶者居住権は、配偶者短期居住権とともに、配偶者保護の見地から、

「民法及び家事事件手続法の一部を改正する法律」（平成30年法律第72号）によって認められたものであり、この配偶者の居住に関する権利（配偶者短期居住権を含む。）の部分に関する規定（民法1028条〜1041条）は、令和2年4月1日から施行されています。

　この配偶者居住権は、被相続人の配偶者が、被相続人の死亡の時に被相続人所有の建物に居住していた場合において、①遺産の分割（民法1028条1項1号）、又は②遺贈により（同項2号）、配偶者居住権を取得することができますが、死因贈与については、遺贈に関する規定が原則として準用される（民法554条）ことから、被相続人と配偶者との間の死因贈与契約によっても、配偶者居住権が成立すると解されています。

　なお、死因贈与による始期付配偶者居住権設定の仮登記申請書及びその本登記申請書の記載例については、法務局のホームページ（https://houmukyoku.moj.go.jp/homu/minji79.html）を参照してください。

23 | 死因贈与の撤回と民法1022条、1023条の準用

死因贈与の撤回について、この撤回が認められた裁判例とこれが認められなかった裁判例を挙げながら、説明してください。

A 死因贈与の撤回に関する裁判例の概要については、下表を参照してください。

なお、死因贈与については、その性質に反しない限り、遺贈に関する規定を準用すると規定している（民法554条）ことから、原則として、民法1022条や1023条の規定が準用されると解されています。

しかし、負担付死因贈与契約の場合で、受贈者がその契約に従い負担の全部又はそれに類する程度の履行（先履行）をした場合には、受贈者を保護する見地から、特段の事情のない限り、撤回ができないものと解されています。

[死因贈与の撤回に関する主な裁判例]

撤回を認めた裁判例		
①	最判昭和47年5月25日 →**基本判例**	死因贈与の取消しについては、民法1022条がその方式に関する部分を除いて準用される。
②	宇都宮地判昭和55年7月30日	死因贈与の内容と抵触する遺贈が後になされたときは、民法1023条1項の準用により先になされた死因贈与はその効力を失う。
③	東京地判平成7年10月25日	負担である贈与者の介護を約5年間したのみでは、負担の履行があったとはいえず、死因贈与契約の取消しは有効である。
参考判例	最判昭和53年2月17日 →負担付贈与（生前贈与）の事案	養親が養子に対し養親を扶養すること等を条件としてした負担付贈与において、養子に負担たる義務の不履行があるとして、その解除を認めた。

撤回を認めなかった裁判例		
(1)　負担付死因贈与についての裁判例		
①	最判昭和 57 年 4 月 30 日 →**基本判例**	負担の履行期が贈与者の生前と定められた負担付死因贈与の受贈者が負担（受贈者の退職までの給料等の一部の給付）の全部又はこれに類する程度の履行をした場合は、原則として、民法 1022 条、1023 条は準用されず、当該死因贈与契約を取り消すことはできない。
②	東京地判平成 7 年 10 月 25 日	同上（贈与者の死亡まで毎月一定額の給付の事案で、負担の全部に類する程度の履行があるとして死因贈与契約の取消しを否定した。）
③	東京地判昭和 59 年 8 月 31 日	建物に関する負担付死因贈与契約において、既にその負担の履行が終了しているとして当該死因贈与契約の取消しを否定した。
(2)　負担付死因贈与ではない裁判例		
④	最判昭和 58 年 1 月 24 日	• 訴訟の係属中に裁判上の和解において、土地の死因贈与が成立した場合には、贈与者は死因贈与契約を撤回することができない。 • なお、贈与者が死因贈与の目的たる不動産を第三者に売却した場合は、受贈者と買主との関係はいわゆる二重譲渡の場合における対抗問題によって解決される。
⑤	名古屋地判平成 4 年 8 月 26 日	遺贈を受けた者がその遺贈を放棄し、これによって財産を相続した者が、その相続により得た利益を一代限りのものとする趣旨で、遺贈の放棄の見返りに、遺贈の放棄をした者に、その財産を死因贈与した場合には、その死因贈与者は、その後した遺言によって当該死因贈与を取り消すことはできない。

解　説

1　死因贈与の撤回[注]についての概説

　民法 554 条は、死因贈与については、その性質に反しない限り、遺贈に関する規定を準用すると規定していることから、民法 1022 条の規定（遺言者が遺言の方式に従ってその撤回ができる旨の規定）が、その方式に関する部分を除き準用されると解されています（最判昭和 47 年 5 月 25 日民集 26 巻 4 号 805 頁）。

　これは、死因贈与が贈与者の死亡によって効力が生じる契約であるので、遺贈（遺言による贈与）と同様に、贈与者の最終意思を尊重しようとするものです。

　また、この見地から、死因贈与者が、前の死因贈与の内容と抵触する後の遺贈や生前処分（例えば、生前贈与や売買）をした場合には、民法 1023 条の準用により、前の死因贈与はその後なされた遺贈や生前処分により撤回されたものとみなされます（宇都宮地判昭和 55 年 7 月 30 日判時 991 号 102 頁参照）。

　しかし、負担付死因贈与契約の場合で、受贈者がその契約に従い負担の全部又はそれに類する程度の履行（先履行）をした場合には、受贈者を保護する見地から、特段の事情のない限り、撤回ができないものと解されています（最判昭和 57 年 4 月 30 日民集 36 巻 4 号 763 頁）。また、訴訟の係属中に裁判上の和解において、土地の死因贈与が成立した場合には、贈与者は自由に撤回することができないとする裁判例もあります（最判昭和 58 年 1 月 24 日民集 37 巻 1 号 21 頁）。

　以下、撤回を認めた主な裁判例と撤回を認めなかった主な裁判例とに分けて、その内容を分析することとします。

（注）「遺言の取消し」と「遺言の撤回」の違い

　　平成 16 年改正民法（平成 16 年法律第 147 号。平成 17 年 4 月 1 日施行）により、民法 1022 条から 1026 条までに用いられていた「（遺言の）取消し」が「（遺言の）撤回」に改められました。これは、遺言の効力は遺言者が死亡した後に発生するので、既に発生している法的効果を遡及的に消滅させるという、固有の意味の取消しは、遺言についてはあり得ず、「遺言の撤回」の意味であると解されるからです。ただし、民法 1025 条の遺言の撤回とみなされる生前処分行為の「取消し」や、民法 1027 条の負担付遺贈の相続人による「取消し」は、本来の取消しです（島津一郎＝松川正毅編『基本法コンメンタール　相続〔第 5 版〕』（日本評論社、2007）204 頁）。

　　上記の遺言の撤回の点は、贈与者の死亡によって効力を生じる死因贈与の撤回にも当てはまります。

2　死因贈与の撤回を認めた主な裁判例とその内容

(1)　最高裁昭和47年5月25日判決（民集26巻4号805頁）―基本判例

　本件事案の概要は、次のとおりである。すなわち、Xら6名（原告・控訴人・被上告人）はAの子であり、Y（被告・被控訴人・上告人）はAの妻であるところ、Aは、生前Yに対し、書面によって本件不動産の死因贈与をしたが、Yとの関係が冷却したので、死因贈与の取消し（撤回）をしたのち死亡した。その後、Yは、当該死因贈与に基づき仮登記仮処分を得て、本件不動産につき仮登記を経由したところ、Xら6名は、Yに対し、死因贈与の取消し（撤回）が有効であるとして、本件不動産について共有持分権の確認を求めるとともにYのなした同仮登記の抹消登記手続訴訟を提起した。

　本最高裁判決は、「死因贈与については、遺言の取消に関する民法1022条がその方式に関する部分を除いて準用されると解すべきである。けだし、死因贈与は贈与者の死亡によって贈与の効力が生ずるものであるが、かかる贈与者の死後の財産に関する処分については、遺贈と同様、贈与者の最終意思を尊重し、これによって決するのを相当とするからである。そして、贈与者のかかる死因贈与の取消権と贈与が配偶者に対してなされた場合における贈与者の有する夫婦間の契約取消権とは、別個独立の権利であるから、これらのうち一つの取消権行使の効力が否定される場合であっても、他の取消権行使の効力を認めうることはいうまでもない。」と判示し、当該死因贈与の取消し（撤回）を認めた原判決（福岡高判昭和46年9月29日）を是認し、Yの上告を棄却した。

(2)　宇都宮地裁昭和55年7月30日判決（判時991号102頁）

　本件事案は、先に死因贈与契約公正証書により、受贈者Yに贈与者所有の本件農地を贈与したものの、その後、同じ土地を相続人の一人Xに遺言公正証書により遺贈したが、その後贈与者が死亡したことから、XがYに対して本件農地につき、Yが経由した所有権移転登記の抹消登記手続を求める訴訟を提起し（本訴）、また逆に、Yは、反訴として、本件農地につき、Xが経由した所有権移転請求権仮登記の抹消登記手続を求める訴訟を提起した。

本宇都宮地裁判決は、Ｙが本件農地につき農地法３条の許可を受けて、所有権を取得したという主張・立証がないとして、Ｘの本訴請求を棄却する一方、Ｙの反訴請求の点につき、「死因贈与という贈与者の死後の財産に関する処分については、遺贈と同様に、贈与者の最終意思を尊重し、これによって決するのを相当とするからにほかならず（最判昭和47年5月25日民集26巻4号805頁参照）、従って、死因贈与には、遺贈の効力に関する規定が準用されるものと解するのが相当である。これを本件についてみると、……（中略）……右両者はその内容においてすべて抵触するものであるから、訴外人（筆者注：贈与者・遺言者）の最終意思を尊重し、前の遺言と後の遺言とが抵触する場合と同じく、民法1023条1項を準用して、本件死因贈与はその後になされた本件遺贈により取消されその効力を失ったものといわねばならない。」と判示し、死因贈与の撤回を認め、Ｙ（受贈者）が当該死因贈与により本件農地の所有権を取得する理由はなく、Ｙの所有権の取得に基づく反訴請求を棄却した。

(3) 東京地裁平成 7 年 10 月 25 日判決（判時 1576 号 58 頁）

本件事案の概要は、次のとおりである。すなわち、Ｘは夫の死亡後、一人暮らしをしていたが、昭和58年12月から二男のＹ夫婦と同居を始めたものの、Ｘは病気のため入退院を繰り返し、この間Ｙの妻がＸの身の回りの世話をし、入院中も介護をし、昭和63年11月にＸがＹ方を出た後も、平成5年8月17日までその世話を受けていたが、それ以降は、長男夫婦が世話をするようになった。ＸとＹ間には、Ｘが、平成3年12月6日、Ｙに対してＸ所有の本件土地建物を死因贈与し、その負担としてＹがＸの在世中、責任をもって介護する旨の合意書（死因贈与契約書。当該合意書にはＸの署名があり、また、原告名下の印影がある（当該印影はＹの妻が押捺したもの）。）が存在し、同合意書に基づき、本件土地建物には、Ｙを権利者として平成3年12月6日贈与（始期Ｘ死亡）を原因とする始期付所有権移転仮登記がなされていた。

Ｘは、①本件土地建物を死因贈与したことはない、②仮に死因贈与の事実があったとしても、通知書をもって当該死因贈与を取り消したと主張し、上記仮登記の抹消及び入院中にＹに預けていた預金通帳、印鑑、貸金庫の鍵及

び亡夫の位牌の引渡しを求める訴訟を提起した。

　本東京地裁判決は、①上記死因贈与契約が真正に成立したことを認定した上で、②負担の履行期が贈与者の生前と定められた負担付死因贈与契約に基づいて受贈者が約旨に従い負担の全部又はこれに類する程度の履行をした場合には、死因贈与契約締結の動機、負担の価値と贈与財産の価値との相関関係、死因贈与契約上の利害関係者間の身分関係その他の生活関係等に照らして負担の履行状況にもかかわらず、負担付死因贈与契約の全部又は一部の取消しをすることがやむを得ないと認められる特段の事情がない限り、民法1022条の取消し（撤回）についての規定は準用すべきでなく、③これを本件でみると、Ｙ夫婦が介護したのは約５年間であり、この間のＹ夫婦、特にその妻の行為は高く評価すべきであるが、現在、原告は長男夫婦の世話を受け今後も長期間にわたって続くので、平成５年８月17日までのＹ夫婦のＸの介護をもって、負担の全部又はそれに類する程度の履行をしたとまではいうことはできないと判断し、Ｘの本件死因贈与契約の取消しを有効とし、Ｘの上記仮登記の抹消請求及び預金通帳等の引渡（返還）請求を認容した。

3　死因贈与の撤回を認めなかった主な裁判例とその内容

(1)　負担付死因贈与についての裁判例

ア　最高裁昭和57年4月30日判決（民集36巻4号763頁）―基本判例

　本件事案の概要は、Ｘ（原告・控訴人・上告人）の主張によると、次のとおりである。すなわち、Ａが、その長男であるＸ（原告・控訴人・上告人）との間で、昭和35年５月３日、ＸがＢ社を退職するまでの間、Ａに毎月3,000円以上、年２回の定期賞与金の半額を贈与するものとし、Ｘがこれを先履行した場合には、Ａは遺産全部をＡの死亡時にＸに贈与する旨の負担付死因贈与契約を締結した。Ｘは、昭和53年３月31日Ｂ社を退職するまで同契約条項を履行したので、Ａの死亡によってＡの遺産全部を取得した。しかし、Ａは、上記死因贈与契約締結後に財産をＸの弟妹であるＹ１、Ｙ２（被告・被控訴人・被上告人）に遺贈し、Ｙ１を遺言執行者とする旨の自筆証書遺言をし

た（Aは昭和54年5月10日死亡）。そこで、Xは、当該遺贈が無効であるとして遺言無効確認訴訟を提起した、というものである。

第1審（富山地判昭和55年3月19日）及び第2審（名古屋高裁金沢支部判決昭和56年3月18日）は、いずれも死因贈与については、民法554条により遺贈の規定が準用され、遺言の撤回に関する民法1022条（その方式に関する部分を除く）、1023条が準用されると解すべきであり、負担付死因贈与についても同様に解すべきであるとして、上記遺言が無効となる余地はないとしてXの請求を棄却した。

しかし、本最高裁判決は、「負担の履行期が贈与者の生前と定められた負担付死因贈与契約に基づいて受贈者が約旨に従い負担の全部又はそれに類する程度の履行をした場合においては、贈与者の最終意思を尊重するの余り受贈者の利益を犠牲にすることは相当でないから、右贈与契約締結の動機、負担の価値と贈与財産の価値との相関関係、右契約上の利害関係者間の身分関係その他の生活関係等に照らし右負担の履行状況にもかかわらず負担付死因贈与契約の全部又は一部の取消をすることがやむをえないと認められる特段の事情がない限り、遺言の取消に関する民法1022条、1023条の各規定を準用するのは相当でないと解すべきである。」と判示した上、X（上告人）主張の負担である債務の履行の有無及び上記のような特段の事情の存否について審理することなく、上記のとおり、本件負担付死因贈与契約はこれと抵触する本件遺言によって取り消されたことを理由に、本件遺言が上記死因贈与契約の存在によって無効となる余地はないとした原判決は、法令の解釈適用を誤った違法があって破棄を免れず、更に審理を尽くさせるため、本件を原審に差し戻した。

イ　東京地裁平成5年5月7日判決（判時1490号97頁）

本件事案の概要は、次のとおりである。すなわち、XがXの亡夫Aの姪の夫であるYに対し、甲土地及び乙土地の所有権に基づき、甲土地については所有権移転登記の、乙土地については、始期付所有権移転仮登記の各抹消登記手続を求めた訴えを提起したのに対し、Yは、甲土地はXから買い受けたものであり、また、乙土地はXから負担付死因贈与を受けたものであると主

張して争った事案である（なお、本東京地裁判決において、甲土地については、Yが
Xから買い受けたものと認定されているので、乙土地についてのみ解説する。）。

　乙土地の争点は、主に①負担付死因贈与契約の有無、②負担付死因贈与契
約の撤回の可否である。この点に関するYの主張によれば、上記負担付死因
贈与契約は、YがXに対し、昭和60年3月からXの死亡に至るまで、毎月
50万円ずつ贈与し、その支払方法については、内20万円をYがXに賃料月
額20万円で賃貸しているY所有の建物の賃料支払債務と相殺し、その残額
30万円を毎月末日限り支払うこととし、Yが同負担を履行したときは、X
がYに対しXの死亡と同時に乙土地を贈与するという内容であった。

　本東京地裁判決は、本件負担付死因贈与契約の存在を認定し、かつ、民法
554条により死因贈与契約については遺贈の規定が準用され、遺言の取消し
（撤回）に関する民法1022条が準用されることを前提とした上で、本件のよ
うな負担付死因贈与契約において、負担の全部に類する履行があった場合に
は、負担の履行状況にもかかわらず、負担付死因贈与契約を取り消すことが
やむを得ないと認められる特段の事情がない限り取り消すことができないと
し、本件においては、①本件負担付死因贈与がなされたのは、YがXのため
に建築する快適な住まいで老後を送りたいと願うXの要望に基づくものであ
り、同死因贈与契約締結の動機においてその必要がなかったということはで
きないこと、②負担の内容もXが死亡するまでXが上記建物に居住でき、し
かも毎月30万円の現金がXに支払われるというもので、Xにとっても利益
と認められること、③Yが本訴を提起された平成元年9月までの4年7か月
の間に、Xに負担を履行（弁済）した金額が本件建物の賃料控除前の金額に
よれば、合計2,650万円であるのに対し、本件乙土地の本件負担付死因贈与
契約当時の評価額が約4,000万円ないし5,000万円程度であったものと推認
され、上記負担の履行期間及び贈与対象部分に対する履行済負担の割合等を
考慮すると、Yは、本件負担付死因贈与契約に基づき本件負担の全部に類す
る程度の履行をしたものと認めるのが相当であること、④本件負担付贈与契
約締結の前後を通じ、Y夫婦がXの日常生活等につき物心両面において世話
をしてきたこと等の事情があり、このような事情の下においては、本件負担

の履行状況にかかわらず、本件負担付死因贈与契約を取り消すことがやむを得ないと認められる特段の事情がないとして、Xの負担付死因贈与契約の取消し（撤回）の主張を排斥して、Xの請求を棄却した。

ウ　東京地裁昭和59年8月31日判決（判タ542号237頁）

本件は、建物に関する負担付死因贈与契約において、既にその負担の履行が終了しているとして当該死因贈与契約の取消し（撤回）が認められなかった事案であるが、本東京地裁判決は、①原告は、本件負担付死因贈与契約中の約定に基づいて、家族ともども従前の住居を引き払い、本件建物に転居し、肝臓に持病を持つ老齢な贈与者と同居し、その生存中、食事、洗濯、掃除、買物等の家事を行い、その身の回りの世話一切をしてきたものであり、既にその負担の履行が終了していること、②また、贈与者の死亡により、本件死因贈与の効力が生じ原告がその所有権を取得した時点で本件建物の引渡しがあったものであり、本件死因贈与契約の履行も終了していることを認定し、いずれにしても、被告らの本件死因贈与契約の取消しの主張は失当である旨判示した。

(2)　負担付死因贈与ではない裁判例

ア　最高裁昭和58年1月24日判決（民集37巻1号21頁）

本件事案の概要は、次のとおりである。すなわち、本件土地の登記簿上の所有名義人である甲が、本件土地を占有耕作する乙（甲の弟で、甲が長男、乙が三男）に対してその明渡し及び損害賠償を求める訴訟を提起したところ、第1審で敗訴し、その第2審（東京高等裁判所）において、昭和28年11月19日、裁判所の和解勧試に基づき、乙から登記名義どおりの所有権の承認を受ける代わりに、乙及びその子孫に対して本件土地を無償で耕作する権利を与え、しかも、同耕作権を失わせるような一切の処分をしないことを約定するとともに、甲が死亡したときは本件土地を乙及びその相続人に贈与すること（本件死因贈与）などを条項とする裁判上の和解が成立した。

本最高裁判決は、このような経緯を下に、「右のような贈与に至る経過、それが裁判上の和解でされたという特殊な態様及び和解条項の内容等を総合すれば、本件の死因贈与は、贈与者である知英（筆者注：甲）において自由に

は取り消すことができないものと解するのが相当である。」と判示し、甲が自由に本件死因贈与を取り消すことができないとした。

　また、甲は昭和47年4月30日に死亡しているが、その生前である昭和47年2月25日、上告人X（甲の弟で、甲が長男、Xが二男）は、甲から本件土地を代金50万円で買い受けたと主張しているところ、原審は、甲が本件死因贈与を自由に取り消し又は本件土地を他に売却処分できないなどとして、上告人Xの当該主張は売買の事実につき判断を加えるまでもなく失当であるとしている。

　しかし、本最高裁判決は、この点につき、「死因贈与が贈与者において自由に取り消すことができないものであるかどうかと、贈与者が死因贈与の目的たる不動産を第三者に売り渡すことができないかどうかとは、次元を異にする別個の問題であって、死因贈与が自由に取り消すことができないものであるからといって、このことから直ちに、贈与者は死因贈与の目的たる不動産を第三者に売り渡すことができないとか、又はこれを売り渡しても当然に無効であるとはいえないから（受贈者と買主との関係はいわゆる二重譲渡の場合における対抗問題によって解決されることになる。）、原審が前記のような理由のみで売買に関する上告人の主張を排斥したことは正当でない」と判示し、原判決に審理不尽、理由不備の違法等があり、破棄を免れず、甲と上告人Xとの間の売買契約の有無及びその効力について更に審理を尽くさせるため、原審に差し戻した。

　なお、差戻後の控訴審判決（東京高判昭和59年9月27日判時1133号74頁）は、上告人Xと甲との間の本件土地の売買は、上記裁判上の和解の趣旨を没却して死因贈与の受贈者（乙の相続人）から本件土地を取り上げようとするものである行為であって、上告人Xの所有権取得の主張は背信的悪意者の法理及び信義則に照らし許されない旨判示している。

　　イ　名古屋地裁平成4年8月26日判決（金融・商事判例915号37頁）

　本件事案の概要は、次のとおりである。すなわち、Aは、孫であるXに本件建物及びその敷地である本件土地を遺贈したが、Aの子であるB（Xの父）は、Xが本件建物の遺贈を放棄し、Bが本件建物を相続により取得すると

もに本件土地を無償で使用できることとし、Bは本件建物をXに死因贈与するとの書面による合意をした。しかしその後、Bは、本件建物をBの後妻Yに相続させる旨の遺言をし、Bの死亡によって、後妻Yがその所有権移転登記を経たため、Xが後妻Yに対し、死因贈与の履行として、当該移転登記の抹消に代えて、真正な登記名義の回復を原因とする本件建物の所有権移転登記手続を求める訴えを提起した。

　本名古屋地裁判決は、「死因贈与についても民法 1023 条の適用があり、抵触する内容の遺言がなされた場合には死因贈与が取消（撤回）されたものと解する余地がある。しかしながら、死因贈与は単独行為としてなされ恩恵的色彩が濃厚な遺贈と異なり、贈与者と受贈者との間の契約としてされるものであって、契約に至る動機、目的、契約内容には種々の事情があり、場合によっては、贈与者において自由には取り消せないことがあることは、判例（最高裁判所昭和 58 年 1 月 24 日第二小法廷判決）でも明らかである。」と判示した上で、①本件死因贈与は、AがXに本件土地建物を遺贈したことに端を発して、本件物件からの家賃収入をBに得させるためBに相続させることとするが、Bの一代限りのこととし、Bの死亡後は、Aの遺贈の趣旨を生かすために、Xに取得させることを目的としてなされたものであり、他の相続人もBに本件死因贈与をさせるため遺留分を放棄していること、②このような事情のもとでなされた死因贈与は、贈与者であるBにおいて自由には取り消すことができないものというべきであり、Bの前記遺言によって取り消されたものと認めることはできない旨判示して、Xの請求を認めた。

4　関連裁判例

　死因贈与の事案ではないが、負担付贈与の義務不履行による解除を認めた事例として、最高裁昭和 53 年 2 月 17 日判決（判タ 360 号 143 頁）があります。

　本件は、養親が養子に対し養親を扶養すること等を条件に、その財産のほとんど全部を生前贈与をした事案ですが、原判決（東京高判昭和 52 年 7 月 13 日判タ 360 号 144 頁）は、養子として養親に対しなすべき最低限の扶養を放棄し、また子どもの時より恩顧を受けた養親に対し、情宜を尽くすところか、これ

を敵対視し、困窮に陥れるに至ったものであり、養親の養子に対する本件贈与に付されていた負担（すなわち、養親を扶養して、平穏な老後を保障し円満な養親子関係を維持して、養親から受けた恩愛に背かない義務）の履行を怠っている状態にあり、その原因が養子の側の責めに帰すべきものであることが認められ、結局、本件負担付贈与は、養子の責めに帰すべき義務不履行のため、養親の本件訴状をもってなした解除の意思表示により失効したとして、本件負担付贈与の解除を認めましたが、本最高裁判決も当該原判決を是認し、養子の上告を棄却しています。

🔍 FOCUS 12 | 死因贈与の撤回に関する法律相談

1　はじめに

　以前、法律相談において、父が長男に自己所有の甲土地を死因贈与し、長男（受贈者）のために始期付所有権転仮登記をした後に、父が二男に同じ甲土地を生前贈与し、二男のために所有権移転登記を経由した場合、上記死因贈与の効力はどのようになるのか、という相談を受けました（下記「本件関係図」参照）。

　この問題は、死因贈与契約の撤回の可否です。

[本件関係図]

※父は、①甲土地について長男に死因贈与し、始期付所有権移転仮登記をした後に、②同じ甲土地について二男に生前贈与し、その所有権移転登記を経由した場合、上記①の死因贈与の効力はどうなるか？

2　死因贈与の撤回

(1)　民法 554 条による遺贈に関する規定の準用

　Q23 で検討したように、民法 554 条により、死因贈与については、その性質に反しない限り遺贈に関する規定が準用されることから、民法 1022 条の規定（遺言者が遺言の方式に従ってその撤回ができる旨の規定）が、その方式に関する部分を除き準用されると解されています（最判昭和 47 年 5 月 25 日民集 26 巻 4 号 805 頁）。

　これは、死因贈与が贈与者の死亡によって効力が生じる契約であるので、遺贈（遺言による贈与）と同様に、贈与者の最終意思を尊重しようとするものです。

　この見地から、死因贈与者が、前の死因贈与の内容と抵触する後の遺贈や生前処分（例えば、生前贈与や売買）をした場合には、民法 1023 条の準用により、前の死因贈与はその後なされた遺贈や生前処分により撤回された

ものとみなされます（宇都宮地判昭和55年7月30日判時991号102頁参照）。

　当該宇都宮地裁昭和55年7月30日判決の事案は、先に死因贈与契約公正証書により、受贈者に贈与者所有の土地を贈与したものの、その後、同じ土地を相続人の一人に遺言公正証書により遺贈した場合、民法1023条1項の準用により先になされた死因贈与はその効力を失うと判示したものです。

　したがって、本法律相談のように、甲土地について長男に死因贈与された後に、新たに二男に生存贈与され、所有権移転登記を経由した場合には、当該死因贈与は撤回されたものとみなされます。この場合、死因贈与において始期付所有権移転の仮登記がされていても、その後の遺贈や生前処分等により撤回でき、当該仮登記も効力を失うことになると解されます。

　⑵　死因贈与を撤回できない場合

　しかし、負担付死因贈与契約の場合で、受贈者がその契約に従い負担の全部又はそれに類する程度の履行（先履行）をした場合には、受贈者を保護する見地から、特段の事情のない限り、撤回ができないものと解されています（最判昭和57年4月30日民集36巻4号763頁等）。当該最高裁昭和57年4月30日判決は、父親と長男との間で、長男が会社に在職中、親に毎月及び毎賞与期ごとに一定の金額を贈与するものとし、長男がこれを履行した場合には、父親が遺産全部を自己の死亡時に長男に贈与する旨の負担付死因贈与契約を締結し、長男がその負担付債務を全て履行した後に、父親がその後なした遺言でその死因贈与を取り消した事案において、その撤回を認めなかった事案です。

　なお、本法律相談の事案は、負担付死因贈与ではありませんでした。

　⑶　本法律相談の回答

　本件における長男への死因贈与は、父がその後二男に生前贈与をし、二男への所有権移転登記を経由した時点（対抗要件を具備した時点）で、完全に撤回されたものとみなされると解されます。

3　死因贈与契約を選択する上での問題点

　死因贈与契約では、始期付所有権移転の仮登記をすることにより、本登記の順位を保全することができるので、受贈者（本法律相談では相続人）としては、安心できる面があります。

　しかし、登記事項証明書（登記簿）に当該仮登記の記載がされることから、

贈与者の相続人が当該死因贈与の存在を知る契機となり、相続人と受贈者（相続人）との間で争いの種になるおそれがあります（受贈者以外の相続人が、上記死因贈与の存在を知り、贈与者に自分に生前贈与するように強要することも考えられる。）。

　このようなおそれがある場合には、秘密性が保持される遺言で財産の分与を決めた方が得策であるようにも思われます。

　また、贈与者が高齢で、自筆証書遺言を作成する能力を失っている場合に、他の人が条項をパソコンで打ち、贈与者は署名押印（場合によっては記名押印）で済む死因贈与契約書が選択される場合があると思います。このような場合は、贈与者の死後、相続人間で当該死因贈与契約の有効性について争われることがあるので、公証人に公正証書遺言の作成を依頼することをお勧めします（公証人が遺言者の自宅・病室への出張して作成することも可能である。）。

　さらに、後記 Q24 で説明するように、預貯金債権の死因贈与契約においては、預貯金契約における預貯金債権の譲渡禁止特約の存在により、贈与者の死後、受贈者や執行者が預金の払戻しに支障を来す場合があります。

　以上のように、死因贈与契約の選択には、慎重な判断が求められるように思います。

24 死因贈与の目的である預金債権の譲渡禁止特約

　　公正証書によらない死因贈与契約により預金債権（譲渡禁止特約付き）を受贈者に贈与した場合、同契約で指定された執行者はどのような条件の下で金融機関に対して当該預金債権の払戻請求ができますか。

A 　各金融機関によって多少の取扱いが異なると思われますが、一般に、①受贈者以外の相続人全員の同意がある場合や、②執行者が相続人全員を被告とする名義変更手続を求める訴え等を提起しその請求を認容する確定判決を取得し、同判決の存在・内容を金融機関に通知・告知した場合には、金融機関も執行者の払戻請求に応じているようです（東京地判令和3年8月17日判時2513号36頁参照）。

　なお、死因贈与契約に執行者が指定されていない場合において、受贈者が金融機関に払戻請求するときも、同様のことがいえると思われます。

解　説

1　序論

　本問は、東京地裁令和3年8月17日判決（判時2513号36頁、金融法務事情2177号88頁。以下「本東京地裁判決」という。）の事案を参考としたものです。同判決の事案を預金債権の死因贈与に絞って簡略化しますと、以下のとおりです。

　すなわち、亡A（被相続人）が、相続人の一人であるBとの間で、生前、公正証書によらないで、自己の所有する全部の財産をBに贈与する旨の死因贈与契約を締結し、執行者として司法書士法人Xを指定しました。そして、亡Aの財産中には、Y銀行の預金債権約948万円がありました。

　そこで、司法書士法人Xは、A（被相続人）の死後、Y銀行に対して、当

該約948万円を払い戻すよう催告しました（以下「本件払戻しの催告」という。）が、Y銀行がこれを拒絶したことから、司法書士法人X（原告）がY銀行（被告）を相手に当該約948万円の払戻しを求めて訴訟を提起したのが本件です。

　なお、亡Aには、Bを含む10人の相続人がいました。

　以下、本東京地裁判決の内容を紹介しながら、本問における問題点を解説することとします。

[本東京地裁判決の関係図]

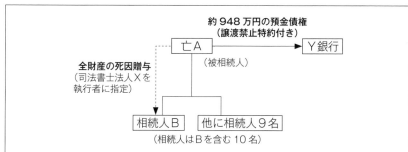

※・司法書士法人X（執行者）は、Aの死後、Y銀行に対して、当該約948万円の払戻しの催告をしたが、Y銀行がこれを拒絶したことから、Y銀行を相手に同金員の払戻請求訴訟を提起した。
　・本東京地裁判決は、Y銀行には、事務処理の煩雑化、過誤払の危険性等から本件払戻請求を拒むことを認めるべき必要性があり、一方で、本件払戻請求を認める必要性が高いということはできない（例えば、司法書士法人Xが相続人全員から同意書をとることができる。）ことからすれば、Y銀行による本件払戻請求の拒絶が信義則に違反するということはできないとして、司法書士法人Xの払戻請求を棄却した。

2　預金債権と譲渡禁止特約

　金融機関では、一般に、普通預金規定等において、預金、預金契約上の地位その他当該取引に係る一切の権利及び通帳について、譲渡や第三者に利用させることを禁止する旨の特約（預金債権譲渡禁止特約）を定めています。

　この譲渡禁止特約の趣旨は、①金融機関の事務処理が煩雑になることの回避、②金融機関が過誤払することの回避、③金融機関が預金者に対する債権を相殺により回収する可能性を確保することにあるといわれています（本東京地裁判決）。

　ところで、民法のうち債権関係の規定が平成29年改正民法（法律第44号。令和2年4月1日施行）により改正されています。

　改正前民法では、譲渡禁止（制限）特約は、有効であり、ただ善意の第三者に対抗することができないと規定していました（改正前民法466条2項）。

　しかし、改正民法では、譲渡禁止特約に違反した債権譲渡の効力を有効とし（民法466条2項）、その上で、債務者は、譲渡禁止特約について悪意又は重過失の譲受人その他第三者に対してのみ、債務の履行拒絶権を有し、かつ、譲渡人に対する弁済等の債務消滅事由をもってその第三者に対抗できるものとしています（民法466条3項）。

　ただ例外として、預貯金債権について譲渡禁止特約が付された場合には、改正前民法下と同様な取扱いをし、債務者が悪意又は重過失のある譲受人その他第三者に対抗できることとしています（新法466条の5第1項。なお、最判昭和48年7月19日民集27巻7号823頁は、改正前民法下において、債権の譲受人に悪意・重過失があるときは債権を取得し得ないと判示している。）。この「対抗できる」とは、債権譲渡が無効であることを意味します。

　このように改正民法下においても、金融機関の預貯金債権について譲渡禁止特約は有効であるとされています。

3　死因贈与による預貯金債権の譲渡の法的性質等

(1)　死因贈与による預貯金債権の譲渡の法的性質（債権譲渡に該当）

　死因贈与は、贈与者と受贈者との間で、贈与者の死亡によってその効力が生ずることを定めて、贈与者がある財産を無償で受贈者に与えることを約する契約です。そして、債権譲渡は、債権の同一性を変えることなく、契約によって債権を移転することをいうので、預貯金債権を死因贈与することは債権譲渡に当たります（本東京地裁判決）。

　そうすると、預貯金については、一般に預貯金者と金融機関との間で、預
貯金債権譲渡禁止特約を締結しているので、本件預金者は、原則として本件
死因贈与契約によって本件預金を取得できないことになります（最判昭和48
年7月19日民集27巻7号823頁参照）。

(2) 遺贈と死因贈与との違い

　預貯金債権の遺贈（遺言による贈与）については、金融機関が預貯金債権の
遺贈について譲渡禁止特約による無効を主張することができないとされてい
ます。その理由は、遺贈が、遺言者の遺言という単独行為によってされる権
利の処分であって、契約による債権の移転をもたらすものではないことに由
来するものです。

　これに対し、預貯金債権の死因贈与の場合は、契約による債権譲渡である
ので、譲渡禁止特約が有効であると解されます（本東京地裁判決）。

4　本件預貯金債権譲渡禁止特約による本件払戻請求の拒絶を認めるべき事情について

(1) 金融機関の預貯金契約における譲渡禁止特約の趣旨等から払戻しを拒絶する必要性について

　金融機関が、預貯金契約において譲渡禁止特約を締結する趣旨は、上記の
とおり、①金融機関の事務処理が煩雑になることの回避、②金融機関が過誤
払することの回避、③金融機関が預金者に対する債権を相殺により回収する
可能性を確保することにあるといわれています（本東京地裁判決）。

　このうち、上記③の相殺の機会の確保の点については、本訴訟段階では既
にＹ銀行が相殺の判断をするに足りる合理的な期間が経過していたといえる
ので、上記①及び②の点を検討することになります。

　まず、上記①の点については、亡Ａの相続人にはＢ以外に9名もいるとこ
ろ、一般に相続は紛争性が高く、公正証書遺言や弁護士が立ち会って作成さ
れた遺言等ですら裁判で無効と判断される事例も少なくないことからすれば、
Ｂ以外の相続人らから権利主張がされることによりＹ銀行が相続紛争に巻き
込まれる危険性があるといえるし、また、上記②の点についても、本件死因

贈与契約が有効でないとして、Ｙ銀行の執行者（受贈者）に対する支払が過誤であると判断される危険性もあり、Ｙ銀行において、本件払戻しの催告時に、本件譲渡禁止特約を根拠として本件払戻請求を拒む必要性があるということができます（本東京地裁判決）。

　なお、本件事案では、司法書士法人Ｘは、本件死因贈与契約の執行者に就任した後、亡Ａの相続人らに対して速やかに行うべき民法554条（死因贈与について、その性質に反しない限り、遺贈の規定を準用する旨の規定）、1007条2項（遺言執行者は、その任務の開始後、遺言の内容を相続人に通知する義務がある旨の規定）に基づく通知を怠っており、Ｂ以外の相続人らが本件預金についての権利主張をする意向があるか否かが被告（Ｙ銀行）において全く明らかでなく、本件預金の帰属主体がＢであることが明白であるということはできないという事情がありました（本東京地裁判決）。

(2)　**第1審口頭弁論終結時における払戻しの拒絶の必要性について**

　本件訴訟において、Ｂ以外の相続人らが訴訟告知を受けているところ、Ｂ以外の相続人らは、本件訴訟への参加を申し立てるなどの権利主張をしていないことから、司法書士法人Ｘは、少なくとも第1審口頭弁論終結時において本件払戻請求を拒絶することは信義則に反するなどと主張しました。

　しかし、本東京地裁判決は、上記訴訟告知による参加的効力（民事訴訟法53条4項、46条）は、第1審当口頭弁論終結時において生じているわけではなく、仮にＹ銀行が本件預金を司法書士法人Ｘに払い戻した場合、これが過誤払であると判断される危険があることは否定できないなどとして、Ｙ銀行が第1審口頭弁論終結時においても、本件債権譲渡禁止特約を根拠に本件払戻請求を拒む必要性がなくなったということはできないと判示しています。

5　本件払戻請求を認めるべき必要性について

(1)　**亡Ａは、公正証書遺言等により、Ｂに遺贈することが可能であったこと**

　司法書士法人Ｘは、亡Ａが、本件死因贈与契約と目的及び趣旨を同じくする自筆証書遺言を作成したものの、自分自身において思うように書けなかっ

たとして、直後に署名のみ自筆で済む本件死因贈与契約の契約書を作成し、同法人Xに対し、本件死因贈与契約により手続を進めることを求めた旨主張しました。

　しかし、亡Aに遺言能力があることを前提とすれば、亡Aは、自筆証書遺言を撤回しないことや、公正証書遺言（公証人が病室を訪問して作成することも可能である。）をすることなどにより、本件譲渡禁止特約の適用を回避することができたといえます（本東京地裁判決）。

(2)　**司法書士法人XがB以外の相続人らの同意を得ることなどが可能であったこと**

　Y銀行では、司法書士法人Xから本件払戻請求を受けた当初から、B以外の相続人らの同意を示す署名押印を要求し、これが得られれば本件払戻請求に応じる姿勢を示しており、これはY銀行に生じる上記①及び②の危険を回避する又は低減させる手段として合理的な要求と認められます。また、司法書士法人Xは、この同意手続をとるほか、亡Aの相続人全員を被告として本件預金の名義変更手続を求める訴え等を提起した上で請求認容の確定判決を取得することなどにより、Y銀行から任意に本件預金の払戻しを受けることができたといえます。

　しかし、司法書士法人Xは、B以外の相続人らから同意を得ることを拒絶し、本件死因贈与契約により当然に司法書士法人Xが払戻しを受けられるべきであると主張していることからすれば、同意を得ることができない特段の事情があったとは認められないといえます（本東京地裁判決）。

6　結論

　本東京地裁判決は、以上の事実から、Y銀行には本件払戻請求を拒むことを認めるべき必要性があり、一方で本件払戻請求を認める必要性が高いということはできないことからすれば、被告による本件払戻請求の拒絶が信義則に違反するということはできないと判示しました。

　なお、本東京地裁判決の事案は、公正証書によらない死因贈与契約に基づいて相続預金の払戻しを求められたケースですが、後記のとおり、公正証書

によって死因贈与契約が締結された場合においても、贈与者が高齢で、当該公正証書作成後、近接した時期に死亡している場合などには、贈与者の意思能力の有無に問題が生じるおそれがあることから、Ｙ銀行と同様な対応が求められるものと思われます。

　ちなみに、本東京地裁判決は、上記のとおり、一般に相続は紛争性が高く、公正証書遺言や弁護士が立ち会って作成された遺言等ですら裁判で無効と判断される事例も少なくないことを指摘しています。

7　本問の回答

　本東京地裁判決からすれば、各金融機関によって多少の取扱いが異なると思われますが、一般に、①受贈者以外の相続人全員の同意がある場合や、②執行者が相続人全員を被告とする名義変更手続を求める訴え等を提起し、その請求を認容する確定判決を取得し、当該確定判決の存在及び内容を金融機関に通知・告知した場合には、金融機関も執行者の払戻請求に応じているようです。

8　関連裁判例

　東京高裁平成9年10月30日判決（金融法務事情1535号68頁）は、預金債権を含む全財産の死因贈与を受けた控訴人（譲受人）が、被控訴人銀行に対して当該預金債権が自らに帰属することの確認を求めた事案において、譲渡禁止特約違反の債権譲渡についても、一定の事情がある場合は、被控訴人銀行による同特約違反を理由とする払戻請求の拒絶が信義則違反になる旨判示をしています。

　すなわち、同判決は、死因贈与が債権譲渡に該当するとした上で、①控訴人が、相続人全員（17名）に対し、本件預金債権を譲り受けたことを理由に預金名義を控訴人の名義に変更する手続を求める訴えを提起し、請求を認容する確定判決を得ていること（当該確定判決の存在及び内容は控訴人により被控訴人銀行に通知・告知され、当該債権の譲受けについて被控訴人銀行に対する対抗要件を具備している。）、②相続人全員との間において、控訴人が本件契約に基づき本

件預金債権を譲り受けたことについて争いがないこと、③相続人全員から被控訴人銀行に対して本件預金債権の譲渡通知がされていること、④控訴人のほかに本件預金債権が自己に帰属することを主張する者がいないことの事実があることを前提として、「このように本件預金債権の帰属主体が控訴人であることが明白であり、その帰属主体が誰であるかについては利害関係がないのに、受託銀行である被控訴人銀行において、本件預金債権につき譲渡を禁止する特約があることを理由に控訴人が本件契約（注：死因贈与契約）に基づき本件預金債権を譲り受けたことを否認することは、信義則上許されないものと解するのが相当である」として、本件預金債権が控訴人に帰属することを認容しました。

　なお、同判決も、本東京地裁判決と同様な見解に基づくものであると考えられます。

[上記東京高裁平成9年10月30日判決の関係図]

※・預金債権を含む全財産の死因贈与を受けた控訴人（譲受人）が、被控訴人銀行に対して当該預金債権が自らに帰属することの確認を求めて訴訟を提起した。

　・上記東京高裁判決は、預金債権の譲渡禁止特約違反の債権譲渡についても、控訴人（譲受人）が、相続人全員に対し、当該預金債権を譲り受けたことを理由に預金名義を控訴人の名義に変更する手続を求める訴えを提起し、請求を認容する確定判決を得て、同判決の存在・内容は控訴人により被控訴人銀行に通知・告知されている場合等一定の事情がある場合は、被控訴人銀行による同特約違反を理由とする払戻請求の拒絶が信義則違反になる旨判示し、控訴人の上記請求を認めた。

9　参考事項

(1)　公正証書によらない死因贈与契約に基づいて相続預金の払戻しを求められた場合の金融機関の対応

　金融機関が公正証書によらない死因贈与契約に基づいて相続預金の払戻しを求められた場合は、特に、死因贈与契約締結時に贈与者が高齢であるときや、死因贈与契約時と贈与者の死亡が近接しているときは、その契約の有効性（例えば、贈与者の意思能力の有無など）について争われる可能性が高いと考えられます。

　このような場合、金融機関の実務的な対応としては、

　　①　相続人全員の同意を得る方法（受贈者又は執行者が、相続人全員に対し、預金債権を譲り受けたことを理由に預金名義を受贈者に変更する手続を求める訴えを提起し、請求認容の確定判決を得て、同判決の存在・内容は金融機関に通知・告知している場合を含む。）

　　②　相続人全員の同意が得られない場合には、債権者不確知による供託（民法494条2項）をする方法

　　③　判決に基づいて支払う方法（つまり、受贈者又は執行者から預金払戻請求訴訟を提起された場合に、相続人全員に対して訴訟告知をして参加的効力を及ぼした上で、判決に基づいて支払う方法）

が考えられるとされています（山名萌木「公正証書によらない死因贈与契約に基づいて相続預金の払戻しを求められた場合の対応」金融法務事情2164号56頁）。

　なお、このような対応は、公正証書によって死因贈与契約が締結された場合においても、贈与者が高齢で、当該公正証書作成後、近接した時期に死亡している場合などには、金融機関としては、同様の対応が求められるように思われます。

(2)　死因贈与契約の選択の可否

　本東京地裁判決において触れているように、司法書士法人Xは、亡Aが、本件死因贈与契約と目的及び趣旨を同じくする自筆証書遺言を作成したものの、亡A自身において思うように書けなかったとして、直後に署名のみ自筆で済む本件死因贈与契約の契約書を作成したことが認められます。

　しかし、預金債権の死因贈与契約では、譲受人への債権譲渡となり、預金契約約款における譲渡禁止特約条項の規制にかかることから、自筆証書遺言が作成できない場合には、公正証書遺言（公証人による遺言者の自宅・病室への出張も可能）で対処するのがベターであると思われます。

25 | 負担付遺贈の問題点

> 　Aは、妻Bと二人暮らしで、子どもがいないことから、自分の死
> 後、甥C（兄の子）が、妻Bの生存中、妻Bの生活費を援助してく
> れれば、甲不動産を甥Cに遺贈するという内容の遺言をしたいと
> 思っていますが、このような遺言はできますか。

A 　できます。このような遺言を負担付遺贈といいます。負担付遺贈
とは、相続人、第三者又は社会公衆のため受遺者に一定の給付を
すべき義務を負担させる遺贈のことをいいます。

　しかし、遺贈を受ける者（受遺者）が、その負担した義務を履行しない
ときは、相続人又は遺言執行者は、相当の期間を定めて催告し、その期間
内に履行がないときは遺言の取消しを家庭裁判所に請求することができま
す。

［本件関係図］

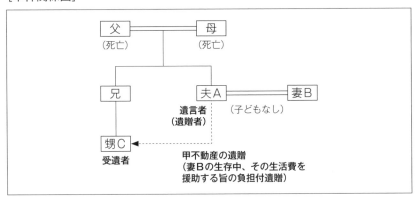

[負担付遺贈の遺言の記載例(1)（遺留分侵害額の請求があった場合に受遺者の負担義務を免責する遺言）]

遺 言 書

第1条　遺言者は、下記の不動産（土地）を甥乙野一郎（昭和○年○月○日生。住所：東京都○区○町○丁目○番○号）に遺贈する。ただし、受遺者は、遺言者の妻甲野秋子が生存中、同女に対し、その生活費として月額金10万円を毎月末日限り支払わなければならない。しかし、遺贈の目的の価額が遺留分侵害額の請求によって6割以上減少したときは、妻への生活費の支払を免責する。

記

```
所　　　在　　○区○町○丁目
地　　　番　　○番○○
地　　　目　　宅　地
地　　　積　　123.45平方メートル
```

第2条　贈与者は下記の者を執行者に指定する。

```
住　　　所　　東京都○区○町○丁目○番○号
職　　　業　　司法書士
氏　　　名　　丙　野　三　郎
生年月日　　平成○年○月○日生
```

令和4年○月○日

東京都○区○町○丁目○番○号

遺言者　　甲　野　太　郎　㊞

解　説

1　負担付遺贈と条件付遺贈の違い

(1)　負担付遺贈とは

　負担付遺贈とは、相続人、第三者又は社会公衆のため受遺者に一定の給付をすべき義務を負担させる遺贈（遺言による贈与）のことをいいます（民法1002条1項）。

　負担は、包括遺贈・特定遺贈のいずれでも認められ、遺贈の目的物と何ら

関係ない事項であってもよいとされています。

　遺贈と負担とは相関関係に立ち、受遺者に一定の給付義務を負担させることになります。そして、その負担した義務を履行しないときは、相続人又は遺言執行者は、相当の期間を定めて催告し、その期間内に履行がないときは遺言の取消しを家庭裁判所に請求することができます（民法1027条）。しかし、受遺者が負担を履行しなくても、遺贈者の死亡により、遺贈の効力そのものは発生しています（民法985条1項参照）。

⑵　条件付遺贈との違い

　この負担付遺贈に類似した遺贈に、条件付遺贈があります。

　しかし、停止条件付遺贈（例えば、「遺言者の死亡の時までに甥Aに子どもができていれば、甥Aに甲不動産を遺贈する。」という内容の遺贈。民法985条2項）では、遺言者の死亡のほかに一定の条件が成就しなければ、遺贈の効力が生じませんが、義務を負担させられない点で負担付遺贈と異なります。また、解除条件付遺贈では、条件の成就によって当然遺贈の効力が消滅しますが、負担付遺贈では、負担の不履行によっても当然に効力は消滅せず、上記のように一定の手続を経て遺贈が取り消されるにすぎないという点で、異なります。

　要するに、負担付遺贈と条件付遺贈との区別は、受遺者に一定の給付義務を負担させる趣旨かどうかによります。

2　負担付遺贈における負担の内容等

⑴　負担の内容とその効力

ア　負担の無効と遺贈の効力

　負担付遺贈における負担の内容が事実上又は法律上不可能であるような場合、あるいは公序良俗に違反する（例えば、犯罪行為を負担の内容とする）ような場合には、無効となりますが、このように負担の内容が無効の場合に、遺贈の効力そのものがどのようになるか問題があります。

　この点については、何ら規定はありませんが、一般に、遺言者が、負担の内容が無効であったならば遺贈をしなかったと認められるときは、遺贈自体も無効となりますが、そうでない限り、負担だけが無効となり、遺贈そのも

のは負担のないものとして効力を生ずると解されています（中川善之助＝加藤永一編『新版注釈民法⑵　相続(3)〔補訂版〕』）（有斐閣、2002）280頁以下〔上野雅和〕）。

イ　負担の不履行と遺言の取消し

　負担を履行しないとして、遺言の取消しを求められた場合、家庭裁判所は、遺言者の意思、受益者の利益、不履行の程度等を勘案し、審判によって取消しの可否を決定することになります（家事事件手続法209条別表第1・108項）。このように家庭裁判所の審判によって取消しの効果を生じるとした理由としては、遺言の取消しにより負担の利益を受ける者（受益者）の利益が不当に害され、ひいては遺言者の意思に反することにならないように配慮したためであると考えられます。したがって、家庭裁判所は、取消請求の要件が一応備わっている場合であっても、取消しを認めることにより不当に受益者を害する場合には、取消しを認めないことができるとされています（前掲『新版注釈民法⑵〔補訂版〕』433頁以下〔上野雅和〕）。

(2)　負担義務の限度

　負担付遺贈を受けた者（受遺者）は、遺贈の目的物の価額を超えない限度においてのみ、負担した義務を履行する責任を負います（民法1002条1項）。なぜなら、遺贈は受遺者に恩恵を与えるものであることから、負担が遺贈による利益を超えるときは、もはや遺贈とはいえないからです。

　したがって、「負担の価額」と「遺贈の目的物の価額」の大小の判断は、受遺者の利益保護の見地から、負担の履行時を基準とするものと解されています。

　また、負担付遺贈の目的物の価額が、相続の限定承認や遺留分侵害額の請求権の行使によって減少したときは、その減少の割合に応じて、負担した義務を免れます。ただし、遺言者が遺言に別段の意思表示をしているときは、その意思に従うことになります（民法1003条）。

　なお、上記「負担付遺贈の遺言の記載例(1)」は、遺留分侵害額の請求があり、遺贈の目的物の価額が6割以上減少した場合に受遺者の負担義務を免責する文例です。

(3)　負担の履行を請求できる者

　負担の履行請求権は、相続人又は遺言執行者が有しますが（民法1027条参照。なお、遺言執行者については、明文の規定はないが、遺言内容の執行権限を有する（民法1012条）ことから、当該履行請求権を有すると解されている。）、そのほか、負担付遺贈の受益者が履行請求権を有するかという問題があります。否定説が従前の多数説でしたが、負担付贈与（民法553条）の受益者（負担の利益を受ける者）の場合同様に、負担付遺贈の受益者も、受益の意思表示をすることにより負担の履行請求ができるとする肯定説が今日の多数説であるといわれています（前掲『新版注釈民法㉘〔補訂版〕』281頁以下〔上野雅和〕、松川正毅＝窪田充見編『新基本法コンメンタール　相続』（日本評論社、2016）217頁、内田貴『民法Ⅳ親族・相続〔補訂版〕』（東京大学出版会、2004）492頁。なお、東京地判平成30年1月18日判タ1463号201頁も肯定説に立っている。）。

3　負担付遺贈の取消し

(1)　相続人又は遺言執行者の取消請求権

　負担付遺贈を受けた者が負担した義務を履行しないときは、相続人又は遺言執行者は、履行請求の訴えにより確定判決を得て強制執行ができますが、そのほか、相当期間を定めてその履行を催告し、もしその期間内に履行がないときは、遺言の取消しを家庭裁判所に請求することもできます（民法1027条。なお、遺言執行者については、前同様に明文の規定はないが、遺言内容の執行権限を有する（民法1012条）ことから、当該遺言の取消請求権を有すると解されている。）。

　なお、負担の利益を受ける者（受益者）は、遺贈の当事者ではないので、受益者には、この取消請求権はありません（前掲『新版注釈民法㉘〔補訂版〕』433頁〔上野雅和〕）。

(2)　取消しの効果（遡及的無効）と受益者の履行請求権の有無

　遺言の取消しの審判がされると、一般の法律行為の取消し同様に、その効力は遡及し、遺言は初めから無効となり、遺言者が遺言で別段の意思表示をしていない限り、遺贈の目的物は相続人に帰属することになります（民法995条）。

この場合、受益者は、負担の利益を受けられなくなるとする見解もありますが、遺言書の意思が負担の実現にあることや、負担付遺贈の放棄の場合には、後記のとおり遺言者が遺言で別段の意思表示をしていない限り、受益者が受遺者になることができる（民法1002条2項）ことなどを考慮して、受益者は、相続人に対して履行請求をすることができるとする見解が有力です（前掲『新基本法コンメンタール 相続』247頁）。

4　受遺者による負担付遺贈の放棄と受益者の遺贈財産の取得権

負担付遺贈の受遺者は、一般の遺贈の場合同様に、遺言者の死亡後、いつでもその放棄をすることができます（民法986条1項）。

受遺者が負担付遺贈を放棄したときは、遺言者が遺言で別段の意思表示をしていない限り、負担の利益を受けるべき者（受益者）が自ら受遺者として遺贈された財産を取得することができます（民法1002条2項）。この場合、負担は意味をなさず、消滅します。

なお、受遺者が放棄した場合において、遺言者がその遺言に別段の定めをしているときは、その意思に従うことになりますが（民法1002条2項ただし書）、下記「負担付遺贈の遺言の記載例(2)」は、負担付遺贈の受益者が遺贈財産の取得を禁じた文例です。

[負担付遺贈の遺言の記載例(2)（受遺者が遺贈を放棄した場合、受益者が遺贈財産を取得することを禁ずる遺言）]

遺　言　書

第1条　遺言者は、下記の不動産（土地）を甥乙野一郎（昭和〇年〇月〇日生。住所：東京都〇区〇町〇丁目〇番〇号）に遺贈する。ただし、受遺者は、遺言者の妻甲野秋子が生存中、同女に対し、その生活費として月額金10万円を毎月末日限り支払わなければならない。しかし、受遺者乙野一郎がこの遺贈を放棄したときは、受益者甲野秋子に当該不動産を取得させないで、遺贈は効力を失うものとする。

記

所　　在　　〇区〇町〇丁目
地　　番　　〇番〇〇
地　　目　　宅　地
地　　積　　123.45 平方メートル

第2条　贈与者は下記の者を執行者に指定する。

住　　所　　東京都〇区〇町〇丁目〇番〇号
職　　業　　司法書士
氏　　名　　丙　野　三　郎
生年月日　　平成〇年〇月〇日生

令和4年〇月〇日

東京都〇区〇町〇丁目〇番〇号
遺言者　甲　野　太　郎　㊞

用　語　索　引

著者略歴

安達　敏男（あだち　としお）

　東京アライズ法律事務所パートナー弁護士。昭和51年検事任官の後、東京地方検察庁検事のほか、司法研修所教官、札幌法務局訟務部長、福岡法務局長、名古屋法務局長等を歴任し、最高検察庁検事を最後に退官。新潟公証人合同役場公証人を経て、平成20年弁護士登録（東京弁護士会）。平成22年税理士登録、平成23年4月から平成30年3月まで足立区公益監察員、平成31年4月から令和3年3月まで東証上場会社の社外役員。

　主著として、『改正民法・不動産登記法実務ガイドブック（共著）』『3訂終活にまつわる法律相談（遺言、相続、相続税）（共著）』『相続実務が変わる！相続法改正ガイドブック（共著）』『実務への影響まるわかり！徹底解説民法改正〈債権関係〉（共著）』『令和元年　会社法改正ハンドブック（共著）』『（第2版）消費者法実務ハンドブック（共著）』『（第2版）一人でつくれる契約書・内容証明郵便の文例集（共著）』『（第2版）一人でできる定款作成から会社設立登記まで（共著）』『国家賠償法実務ハンドブック（共著）』（いずれも日本加除出版）など。

吉川　樹士（きっかわ　たつひと）

　東京アライズ法律事務所パートナー弁護士。東京弁護士会所属、中央大学法科大学院法務研究科卒。社会福祉施設や一般企業の企業法務のほか、遺産分割等の相続関係訴訟、交通事故訴訟、一般事件の訴訟等を手掛けている。

　主著・論稿として、『改正民法・不動産登記法実務ガイドブック（共著）』『3訂終活にまつわる法律相談（遺言、相続、相続税）（共著）』『相続実務が変わる！相続法改正ガイドブック（共著）』『実務への影響まるわかり！徹底解説民法改正〈債権関係〉（共著）』『令和元年　会社法改正ハンドブック（共著）』『（第2版）消費者法実務ハンドブック（共著）』『（第2版）一人でつくれる契約書・内容証明郵便の文例集（共著）』『（第2版）一人でできる定款作成から会社設立登記まで（共著）』『国家賠償法実務ハンドブック（共著）』（いずれも日本加除出版）「普通養子縁組と特別養子縁組について－妹を養子にできるか？配偶者の連れ子を特別養子とできるか？」（戸籍時報699号78頁）「相続人が存在しない場合における被相続人の財産は、どのように処理されるか？」（戸籍時報702号87頁）など。

【執筆協力者】

吉川　康代（きっかわ　やすよ）

　東京アライズ社会保険労務士事務所社会保険労務士（元行政書士）。東京都新宿区内の法律事務所で12年間法律事務員として勤務。同事務所在籍中に行政書士試験に合格。同事務所で6年間行政書士（専門分野：相続相談・相続調査業務、株式会社の定款作成業務、建設業・宅建業の許可申請業務等）として活動後、同事務所在籍中に社会保険労務士試験に合格。その後都内社会保険労務士事務所で実務経験を経て、平成31年3月東京アライズ法律事務所入所。令和元年9月登録（東京都社会保険労務士会）、同事務所内で社会保険労務士事務所を独立開業。立教大学卒。

　主著として、『3訂終活にまつわる法律相談（遺言、相続、相続税）（共著）』『（第2版）消費者法実務ハンドブック（共著）』『（第2版）一人でできる定款作成から会社設立登記まで（共著）』（いずれも日本加除出版）。

代襲相続・再転相続・数次相続の法律と実務

2022年11月1日　初版発行
2024年4月2日　初版第4刷発行

著　者　　安　達　敏　男
　　　　　吉　川　樹　士

発行者　　和　田　　裕

発行所　日本加除出版株式会社
本　　社　〒171-8516
　　　　　東京都豊島区南長崎3丁目16番6号

組版・印刷　㈱亨有堂印刷所　　製本　牧製本印刷㈱

定価はカバー等に表示してあります。
落丁本・乱丁本は当社にてお取替えいたします。
お問合せの他、ご意見・感想等がございましたら、下記まで
お知らせください。

〒171-8516
東京都豊島区南長崎3丁目16番6号
日本加除出版株式会社　営業企画課
電話　03-3953-5642
FAX　03-3953-2061
e-mail　toiawase@kajo.co.jp
URL　www.kajo.co.jp

民法改正で変わる！
親子法実務ガイドブック

安達敏男・吉川樹士・石橋千明 著
2023年4月刊 A5判 312頁 定価3,740円（本体3,400円）978-4-8178-4894-9

- 懲戒権、嫡出推定、再婚禁止期間、嫡出否認制度、生殖補助医療、認知無効の訴え…等令和4年12月16日法律第102号による親子法改正の実務を詳解。巻末資料として、戸籍の記載例や改正前後の変更点が一目で分かる条文一覧を収録。改正の全体像をつかみやすくする図表も多数収録。

商品番号：40952
略　　号：民改親

第2版　消費者法実務ハンドブック
消費者契約法・特定商取引法・割賦販売法の実務と書式

安達敏男・吉川樹士・安重洋介・吉川康代 著
2021年11月刊 A5判 292頁 定価3,080円（本体2,800円）978-4-8178-4769-0

- 消費者三法の全体像を実務に即してコンパクトに解説。複雑・難解な法体系も図表を用いてわかりやすく整理。関連する裁判例を豊富に掲載し、実務ベースで解説。クーリング・オフや不実告知等による取消しの通知書など、実務に使える32書式を収録。

商品番号：40691
略　　号：消ハン

改正民法・不動産登記法
実務ガイドブック
登記・相続・財産管理・相隣関係規定・共有制度のチェックポイント

安達敏男・吉川樹士・須田啓介・安藤啓一郎 著
2021年9月刊 A5判 344頁 定価3,740円（本体3,400円）978-4-8178-4751-5

- 「所有者不明土地の対策」を中心とした法改正をはじめ、民法の「相隣関係規定」「共有制度」「財産管理制度」「相続制度」等の改正の要点を、20のチェックポイントで分かりやすく解説。

商品番号：40885
略　　号：改民不

第2版　一人でできる
定款作成から会社設立登記まで

安達敏男・吉川樹士・安重洋介・吉川康代 著
2021年2月刊 A5判 284頁 定価2,970円（本体2,700円）978-4-8178-4707-2

- 定款の作成から設立登記申請書類の作成方法までの必要事項をまとめたQ&A解説。元法務局長・元公証人を中心に、弁護士と社労士（元行政書士）が初版をアップデート。各設問ごとに豊富な記載例と、巻末資料に「公証人の認証を受けた定款例」を収録。

商品番号：40319
略　　号：定設

日本加除出版

〒171-8516　東京都豊島区南長崎3丁目16番6号
営業部　TEL（03）3953-5642　FAX（03）3953-2061
www.kajo.co.jp